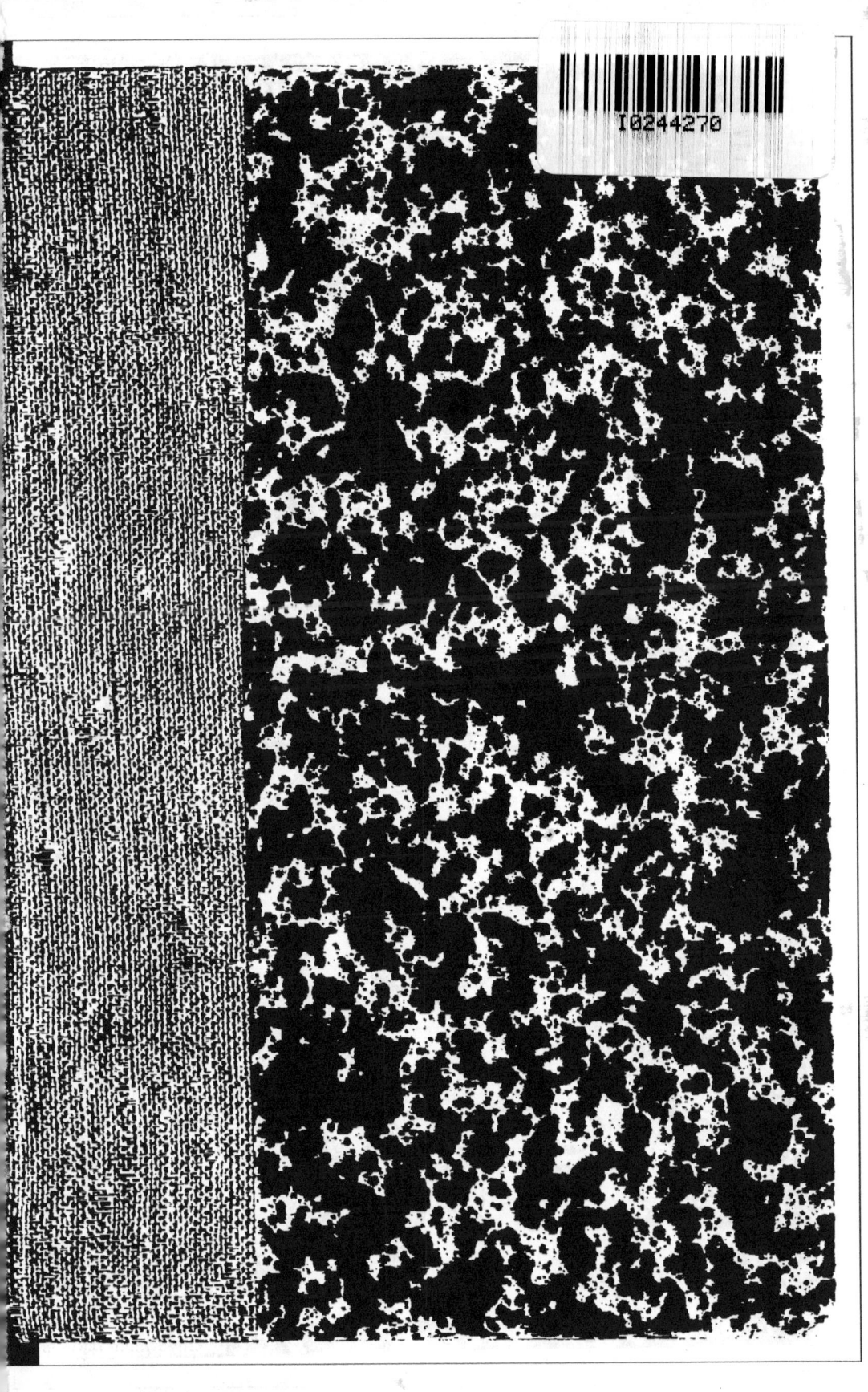

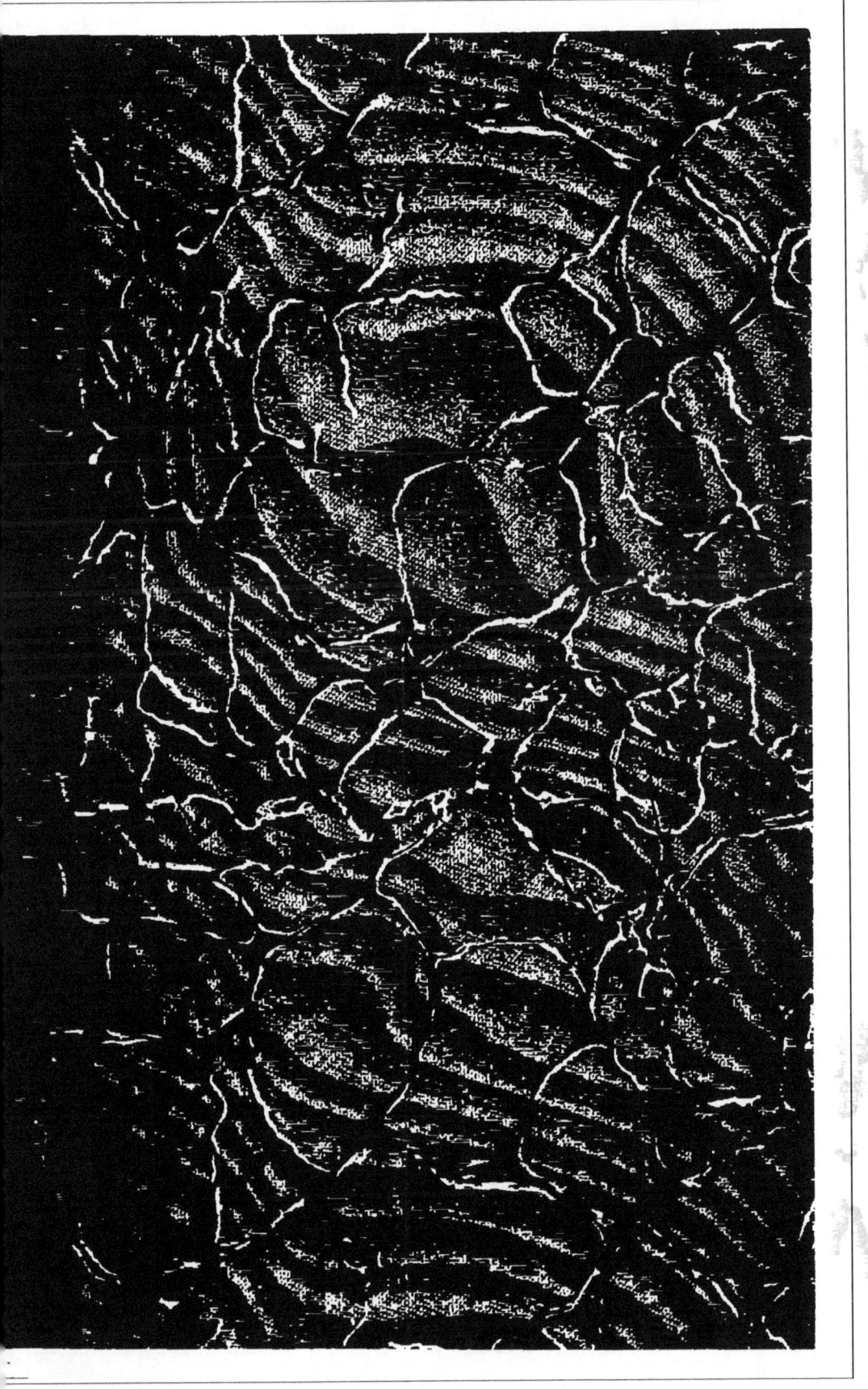

M. BARAST
RELIEUR
36 R des Petits Champs

Capitaine CECCALDI

Au Pays de la Poudre

من بلاد البارود

:: En Campagne ::

avec les " Joyeux "

Maroc Occidental

Préface de M. Hugues Le Roux

PARIS
IMPRIMERIE LIBRAIRIE MILITAIRE
L. FOURNIER
264, Boulevard Saint-Germain, 264

Au pays de la poudre

En campagne avec les « Joyeux »

Maroc Occidental (1911=1912)

Capitaine CECCALDI

Au pays de la poudre

En campagne avec les « Joyeux »
Maroc Occidental (1911-1912)

IMPRIMERIE-LIBRAIRIE MILITAIRE UNIVERSELLE
L. FOURNIER
PARIS — 264, Boulevard Saint-Germain — PARIS

1914

PRÉFACE

Mon Capitaine,

Sous l'affectueux prétexte que j'ai écrit dans Gens de Poudre, Le Maître de l'Heure et Prisonniers marocains quelques pages de l'Épopée de nos soldats du Sud, vous me faites l'amitié et l'honneur de me demander une lettre-préface pour le beau journal de guerre que vous publiez à votre tour.

Je vous remercie de l'occasion que vous me donnez de faire en votre compagnie une nouvelle campagne d'Afrique. J'en reviens le cœur fier et l'âme optimiste. C'est le plus bel éloge dont on puisse saluer votre livre et les actes qu'il décrit.

Ni vous, ni moi, mon capitaine, nous ne prétendons que la bravoure soit un apanage exclusif des Français ; mais nous sommes sûrs que notre façon d'en avoir a une couleur particulière, et, de cette nuance-là, nous tirons un juste orgueil.

A ceux qui me demanderaient :

— Qu'apercevez-vous donc d'exceptionnel au fond du courage français ?...

Je répondrai :

— Un exemple vaut mieux qu'une définition : ouvrez le livre du capitaine Ceccaldi... Vous n'aurez pas besoin d'aller jusqu'au bout pour entendre ce que nous voulons dire.

Le privilège heureux du tempérament français — le vôtre — est de mêler à tout ce qu'il entreprend une intelligence claire, associée à de la fougue. Jamais ce vertige, que d'autres peuples nomment les « esprits animaux », ne vient obnubiler notre ivresse — ivresse du vin, de l'amour ou du sang. Nous sommes du pays où le plaisir même a un beau nom. Cela s'appelle la « fête » et non l' « orgie ».

Ces nuances-là nous les retrouvons sur le champ de bataille. Nous ne nous ruons pas, nous ne nous vautrons pas ; nous combattons comme nous aimons, présents de corps et d'âmes, heureux de sentir ces deux forces accouplées, tels une monture et son cavalier qui la tient entre ses genoux et d'un seul mouvement de pensée, la porte au travers de la mitraille, du côté de la gloire.

Vous sentez cela si nettement, mon capitaine, que vous apercevez les puissances du sacrifice, le goût de l'honneur, même au fond de l'âme d'un « Joyeux ».

Vous êtes d'avis que l'on connaît la qualité d'un métal seulement après l'épreuve de la pierre de touche, et la vertu d'un caractère seulement après qu'on l'a vu au contact du péril. Vous sortez de votre laboratoire de guerre, bon alchimiste que vous êtes, avec un rayon de joie sur le visage.

Vous nous criez :

— Ce n'est pas du cuivre ? Toute la cendre filtrée, au fond du creuset il reste un lingot d'or !

C'est la morale de votre livre.

Elle est plus émouvante que la bataille.

Elle est plus profitable que la conquête elle-même.

Vous avez fait passer par le feu ces scories de la civilisation, qu'autrefois on jetait au rebut, et vous en avez tiré du métal pur.

Cette fierté des dons de la nature française s'éclaire chez vous de l'exacte connaissance que vous avez des âmes arabes et berbères, de la justice avec laquelle vous parlez de vos adversaires. Ils ont toute votre sympathie, comme ils ont la mienne, ces soldats musulmans, que vous heurtez de la poitrine. Votre générosité atavique ne traîne après soi, ni colères pour les souffrances endurées, ni haine pour l'ennemi, ni mépris pour le vaincu. Dans votre poussée en avant, vous avez la sécurité de servir un idéal qui, partout où il triomphe, élargit les chances de la fraternité. Nous avons la foi que là où le drapeau tricolore prend racine, il finit par fleurir comme un bel Arbre de Liberté.

Ces sentiments, ces pensées, vous les exprimez, mon capitaine, dans une langue sans rhétorique ni détour, claire, allante, souriante, preste.

Tout cela est français merveilleusement. On a de la joie à vous féliciter et à vous donner l'accolade.

Hugues Le Roux.

AVANT-PROPOS

A la mémoire de mon vaillant lieutenant, Gaston Mascarat, des gradés et chasseurs du 3º bataillon d'Afrique, tombés pour la Patrie, au Maroc occidental (1911-1912).

Ces souvenirs n'ont qu'une prétention : contribuer à faire connaître avec quel énergique entrain et quelle abnégation nos troupes marocaines accomplissent leur pénible et glorieux labeur. Dans cette esquisse des occupations journalières de nos soldats de toutes armes — en marche, en station, au feu — les « Joyeux » du 3º bataillon et, parmi eux, mes compagnons immédiats, ceux de la 1ʳᵉ compagnie, occupent justement le premier plan. Je me suis attaché à mettre en relief l'exacte physionomie de cette troupe originale, si mal connue. Puissé-je avoir fait la preuve, dans ce récit vécu, que ces jeunes hommes, aussi ingénieux dans les travaux des camps que courageux dans la lutte, sont à leur vraie place, dans ces régions troublées de l'« avant », où de longtemps encore, il faudra abandonner souvent la pioche pour sauter sur le fusil. Oui, l'effort tenace et l'ardeur combattive de nos troupes auront, de longtemps encore, à faire face au péril, sur cette terre marocaine aux soudaines et profondes convulsions. Le jour n'est pas proche, où la paix française régnera, féconde, des rivages atlantiques aux confins d'Algérie, des bords de l'Ouergha aux palmeraies lointaines du Tafilalet. A défaut du sentiment précis d'une nationalité commune, l'amour passionné de l'indépendance groupera contre le « roumi » les tribus berbères, rebelles de toute antiquité à la domination des sultans, et pour lesquelles la force indiscutable du vainqueur constitue le seul argument décisif.

Cette perspective de courageux efforts ne saurait effrayer nos admirables troupes du Maroc. Chaque jour, en effet, l'ardeur impavide de ces métropolitains, coloniaux, Algériens, Tunisiens et Sénégalais, tous gens de cœur dignes au même titre de la reconnaissance française, doit surmonter quelque difficulté imprévue, accomplir quelque nouvel exploit.

C'était, hier encore, la ruée sauvage, contre les murs de Fez, des bandes berbères culbutées par les troupes du colonel Gouraud ; c'était, avec sa horde fanatique d' « hommes bleus », El-Heïba, dont la déroute sous Marrakech semble avoir abattu enfin l'audace et ruiné le prestige ; Anflous, traqué par nos colonnes jusque dans le repaire montagneux où il se croyait inexpugnable.

C'est, aujourd'hui, le Tadla, dont les tribus farouches viennent de nous livrer encore deux rudes combats ; c'est, au sud de Fez, le roghi et ses contingents, toujours battus, toujours reformés, attentifs et tenaces. C'est, enfin, le grand caïd berbère Hamou-Zaïani, qui vient de lever le masque, d'entrer en lutte ouverte avec nos colonnes, et de connaître, à son tour, le châtiment de sa longue duplicité.

Demain, nos troupes de l'Est et de l'Ouest, achevant leur lente et persévérante poussée, opéreront enfin, sous les murs de Taza, la jonction des marches oranaises avec le « Moghreb » si longtemps isolé dans son dédain craintif du « roumi ».

Puis, ce sera l'Atlas, aux âpres massifs montagneux, asile de nombreuses confédérations belliqueuses, divisées par d'éternelles querelles intestines, et cependant également jalouses de turbulente liberté. Au cœur du Maroc, un effort lent, progressif et opiniâtre s'imposera à la vaillance têtue de nos soldats comme à la sagesse et au sens politique des chefs. L'œuvre sera longue. Mais une diplomatie patiente, autant qu'avisée ,se combinera aux gestes énergiques et décisifs. Et un jour viendra, où, sur la dernière casbah des grands chefs berbères, ultime refuge de l'Islam maugrebin, flotteront, au vent des cimes neigeuses de l'Atlas asservi, les trois couleurs protectrices. Programme prestigieux, que la France accomplira. Les résultats actuels de l'œuvre si crânement entreprise, si vigoureusement menée par nos soldats et par leurs chefs légitiment cette fière conviction.

Faisons donc confiance à ces braves gens, honneur d'une Race qui n'a point dégénéré !

Cette terre héroïque, que ses destinées devaient faire française, est, pour le Pays une école nécessaire d'énergie, un *Far-West* (1) nouveau.

Là-bas, se trempent des caractères, se stimulent des dévouements, se révèlent des chefs, s'affirment, en un constant effort généreux, les qualités civilisatrices et guerrières d'un peuple conscient de son avenir autant que fidèle à son passé.

Et nous pouvons, ainsi, nous convaincre, à ce spectacle journalier de joyeuse vaillance et d'énergie féconde, qu'un pays peut — et doit — tout attendre de jeunes hommes dont un de leurs chefs a, récemment pu dire :

« Ils valent leurs anciens de Mazagran et de Sidi-Brahim ».

Ce sincère récit de l'existence de nos soldats là-bas fut inspiré par cette orgueilleuse constatation. Puisse-t-il, dès lors, collaborer à les faire mieux connaître, partant, à les faire encore plus aimer !

F. CECCALDI.

---

(1) Général Lyautey.

Au Pays de la poudre

En campagne avec les « Joyeux »
Maroc Occidental (1911-1912)

CHAPITRE PREMIER

En route pour la guerre. — Débarquement à Casablanca. — Les « barcasses ». — Le port.

Un ordre télégraphique. De rapides préparatifs de départ. Et, par une claire matinée de mai 1911, la 1re compagnie du 3e bataillon d'infanterie légère d'Afrique, mobilisée pour le Maroc occidental, quittait sa garnison du Kef, gagnant Souk-el-Arba, où s'opérait la concentration du bataillon de marche dont elle faisait partie.

Aux refrains joyeux de la fanfare, la compagnie, en tenue de guerre, franchit les portes de la vieille cité. Un dernier regard au paysage familier que dominent, du haut de la Kasbah, les couleurs de France ; de rapides étreintes ; un au-revoir fraternel aux camarades qui, le cœur gros, voient partir les « veinards » que nous sommes, et en route, vers l'inconnu !

En vérité, ce départ en campagne a des allures de fête. Chaque canon de fusil s'orne d'un petit bouquet. Les clairons sonnent — en « fantaisie » naturellement — leurs refrains les plus alertes. Un juvénile enthousiasme luit dans les regards de ces jeunes hommes, ravis d'aller au danger.

Quelle fière allure a cette troupe ! Les vers du capitaine vicomte de Borelli me reviennent :

Jamais garde de roi, d'empereur, d'autocrate,
N'alla d'un pas plus mâle et plus superbement !

C'est à ses rudes légionnaires, orgueil de notre épopée coloniale, vieux routiers bronzés par le soleil tonkinois, que le soldat-poête adressait l'hommage mérité de sa fière admiration. Mes compagnons aux visages imberbes eûssent aussi justifié pareil éloge, par leur attitude fière et décidée.

L'heure tant attendue était enfin venue ! Depuis le Dahomey, les « Joyeux » n'étaient plus allés au feu. Leur énergie s'étiolait, dans des garnisons déshéritées, au grand bénéfice de cabaretiers sans scrupules excessifs. Voici qu'à leur tour, ils marchaient au canon de Fez ! Et, conscients de leur jeune force, heureux d'aller, là-bas, cogner à l'envi, les chasseurs de la 1re, tendant le jarret et portant haut la tête, donnaient l'impression qu'eux aussi, dans le bled lointain où « parlait la poudre » sauraient faire honneur à la Race et justifier la confiance de leurs chefs. Moment heureux entre tous, pour un soldat, que celui où l'on mobilise « pour de bon » ! C'est alors que se manifeste l'utilité des efforts méthodiques et persévérants de la vie de garnison, préparant les troupes à leur seul rôle : la guerre, trempant des âmes résolues et des corps résistants. Moment heureux où s'évanouissent les menues misères du métier, les désillusions de carrière, les rancœurs... Tout s'efface devant cette pensée joyeuse « nous marchons ! »

Rendus à Alger par voie ferrée, nous y embarquions le 21 mai, sur le transport « Pampa ». Aux applaudissements enthousiastes d'une foule bigarrée, le beau navire s'éloigna lentement du quai ; tandis que la musique des zouaves jouait la « Marseillaise », l'équipage d'un croiseur, ancré dans le port, poussait des hourras. De notre bord, partaient les acclamations joyeuses des tirailleurs du 4ᵉ régiment (dont un bataillon était embarqué avec nous), agitant leurs rouges chéchias. Tambours, clairons et fifres de leur nouba endiablée, battaient et sonnaient la marche des turcos. Et les alertes « Joyeux », massés le long des bastingages ou juchés dans les haubans, criaient « Vive la France », sans omettre pourtant les derniers lazzis à l'adresse des spectateurs peu formalistes.

Souvenir inoubliable, que celui de ces adieux à la Patrie, empreints de virile et généreuse émotion ! Comme sur les lèvres des gladiateurs descendus dans l'arène, montait, de nos cœurs de soldats, le salut héroïque « *Ave, Cæsar, morituri te salutant !* » Il disait à la terre française, dont chaque tour d'hélice nous éloignait désormais, l'amour passionné de ses fils, dont certains, marqués déjà par le destin, tomberaient là-bas, pour l'honneur de nos armes, et ne reverraient plus le sol natal !

Le 23 mai, au soleil levant, la terre marocaine se déroulait devant nos yeux, avides de contempler ces paysages nouveaux.

Une côte basse, frangée d'écume. Les lames vertes de l'Atlantique y brisent sur des bancs de noirs récifs et des plages de sable. Au-delà de ces rivages à l'aspect inhospitalier, s'élèvent de molles collines, dénudées. De loin en loin, la blancheur d'une casbah ou d'un bordj, accrochés au flanc des hauteurs, ou dominant un promontoire abrupt. Paysage triste, mystérieux et vide.

Soudain, à l'avant du navire, une masse blanche apparaît sur l'horizon. C'est Casablanca. Nous approchons ; le navire mouille, à environ deux milles du rivage. La ville se précise, dans sa ceinture de murailles, que dominent de nombreux minarets, où flottent des drapeaux blancs.

Notre navire est entouré de nombreux vapeurs, balancés par la houle. Chacun d'eux est bondé de troupes ou de matériel de guerre ; certains ont commencé le débarquement ; remorqueurs et embarcations, accrochés à leurs flancs, dansent terriblement sur les vagues énormes qui déferlent, là-bas, en poussière écumante, sur les blocs de la jetée. Plusieurs heures se passent ainsi, à attendre notre tour de débarquer : Enfin, des « barcasses » se dirigent vers notre bord. Ce sont des sortes de chalands creux remorqués par des embarcations à vapeur de la marine de guerre. Bondissant sur les vagues tumultueuses, elles accostent au flanc du navire, et le débarquement commence, fraction par fraction ; les hommes, descendant du bord, doivent saisir le moment précis où, la houle faisant remonter la barcasse jusqu'à la hauteur du bas des échelles, ils peuvent sauter dans l'embarcation, avec l'aide de robustes marocains aux profils de pirates. Opération longue, assez dangereuse somme toute, qu'égaient les lazzis de nos hommes, prompts à rire des hésitants et des maladroits.

Le tour des chevaux et des mulets vient ensuite. Suspendus au bout des monte-charges, ballotés en tous sens, au gré du roulis et du tangage, ces pauvres animaux, ahuris par tant de vicissitudes diverses, se cognent aux flancs du navire, aux bordages des barcasses... Enfin, tant bien que mal, hommes, chevaux et matériel, entassés dans les barcasses, on se dirige vers la terre.

Nous n'avions encore rien vu ! comme nous l'annonçait un vieux quartier-maître, patron d'un remorqueur. Nous devons, en effet, franchir maintenant la « barre » succession de lames sournoises et brutales, dont les embruns nous arrosent copieusement. Montagnes russes d'un genre spécial... après être descendus, pendant une demi-heure, au creux émouvant de la houle, et être remontés sur la crête écumante des vagues, nous voici enfin en eau calme ; les barcasses accostent, l'une après l'autre, à un bout de quai, au fond d'une anse minuscule, bordée de roches noires. C'est le « port ».

Estimons-nous heureux d'avoir pu débarquer ; si la barre n'eût été praticable, chose fréquente, nous eussions dû attendre — qui sait jusqu'à quand ? — le moment propice.

Sautons à terre. Au bout du quai, devant nous, s'ouvre la porte de la douane, étroit passage voûté, pavé de cailloux glissants ; c'est par ici, que, sous le feu à bout portant des marocains, pénétrèrent, en 1907, baïonnette basse, les vaillants fusiliers marins de l'enseigne de vaisseau Balande, débarqués des croiseurs pour aller au secours des Légations assiégées.

Tout auprès, les murailles portent encore les traces des obus de la « Gloire ». Et nous voilà, à peine débarqués, en terre héroïque.

Nous formons nos rangs sur le quai, dans le tumulte coloré d'une foule grouillante. C'est ici, un entassement gigantesque de matériel de guerre; caisses de cartouches et d'obus, harnachements, sacs de farine, vivres de toute sorte, canons, bois, rails de chemin de fer..., s'accumulent en véritables collines. Une plèbe haillonneuse, aux fauves relents, s'agite, demi-nue, sous le soleil ardent, pour transporter et ranger tous ces colis. Ici, des équipes de marocains, gourmandés par un alerte quartier-maître armé d'un fouet, s'empressent à décharger les barcasses, et tirent sur les cordages, en chantant en cadence sur un mode suraigu ; plus loin, d'autres portefaix, suants et affairés, transportent des caisses ; c'est un fourmillement incessant d'hommes, de chevaux, de mulets, au milieu duquel trouvent cependant moyen de circuler des marchands d'eau, aux sonnettes de cuivre, des vendeurs de beignets, de « cacaouëttes » et de cartes-postales. Des bourrades, des injures s'échangent. Et tout finit par « se tasser », comme dit le légionnaire. Chacun trouve tout de même sa place, dans ce désordre bruyant, et les barcasses, acheminées sans cesse, en longues théories, vers le quai, seront déchargées ce soir.

Ce « port » est, naturellement, le rendez-vous de tous les oisifs. Troupiers désœuvrés de toutes armes, colons casqués de liège et guêtrés de cuir,

Juifs aux lévites crasseuses, flanqués de leurs plantureuses épouses et de leurs rejetons, Espagnols rasés, ceinturés de rouge et chaussés d'espadrilles, commentent bruyamment les incidents du débarquement, dévisageant avec curiosité nos joyeux, prompts à leur décocher quelque savoureuse plaisanterie. Plus loin, des notables indigènes, gras et roses, drapés dans des « djellabas » d'une éclatante blancheur, s'isolent de cette cohue malodorante. Accroupis en cercle autour d'une théière fumante, ils dégustent, avec des gestes lents, la boisson nationale du Maroc. Ce sont, m'apprend t'on, des fonctionnaires des douanes... Tout s'explique. Ici, comme en d'autres lieux, l'ad-mi-nis-tra-tion réserve d'appréciables loisirs à ses élus. Le bataillon formé, on nous envoie camper à quatre kilomètres à l'Est de la ville, près de la plage.

Ce bivouac d'Aïn-Bourdja, lieu de stationnement habituel des éléments débarqués attendant leur départ pour l'avant, est dépourvu de tout charme. Une route poussiéreuse, où le vent soulève d'épais tourbillons de sable, et coupée d'ornières, y conduit. Nous y dressons nos tentes au milieu de boîtes de sardines vides et autres détritus laissés par nos nombreux devanciers. D'innombrables puces, aussi agressives que tenaces, nous accueillent. Si les Marocains ont autant de mordant que leurs « compatriotes », nous aurons de la besogne... et nos nuits seront plutôt agitées !

Nos lits de camp, étroits et inassouplis, sont bien durs ! Et la chanson monotone des vagues, brisant non loin de nous, berce mal le sommeil, en cette première nuit sur le sol marocain... Dès l'aube, une agitation emplit le bivouac ; nos équipages arrivent, les approvisionnements se poursuivent, et ce n'est pas une mince affaire, que de percevoir dans les divers magasins du corps de débarquement, disséminés dans cette fourmilière qu'est le camp principal, tout le matériel et les vivres divers. Les fourriers sont sur les dents, car la paperasse n'abandonne pas ses droits, comme on peut le penser ! et, tout comme en garnison, il faut fournir d'innombrables « états ».

Quatre jours se passent ainsi. Qu'allons-nous devenir ? Rejoindrons-nous la colonne en route pour délivrer Fez, ou tiendrons-nous, tout simplement, garnison dans la Chaouïa ?

Les échos nous parviennent, de combats livrés vers Kenitra et Lalla-Ito. Il y a eu de la « casse », dit-on. Et chacun d'y aller de son « tuyau ». En réalité, personne ne sait rien, et les informations qui circulent dans les camps sont généralement — l'expérience quotidienne le prouve — dues à l'imagination de quelque Bompard ou Bézuquet. (En France, tout le monde est un peu de Tarascon !)

Cependant, les ordonnances et les cuisiniers (chacun sait que ces messieurs détiennent le monopole des renseignements exacts) augurent d'un départ imminent. Et cela est plus sérieux. Hâtons-nous, dès lors, de visiter la ville, d'y faire nos derniers achats, avant de prendre la direction du bled.

CHAPITRE II

Casablanca. — La ville. — **Absinthe et phonogra-graphes** — **Les Juifs.** — **La spéculation.** — **Plaisirs et affaires.**

Casablanca (traduction espagnole du Dar-el-Beïda arabe) enferme l'agglomération biscornue de ses ruelles étroites, tortueuses et mal pavées, entre de hautes murailles dont les bastions portent encore quelques canons de fonte des modèles les plus disparates, juchés sur des affûts vermoulus. Sous ses portes voûtées, gardées par des postes et fermées à la tombée de la nuit, c'est un afflux incessant de piétons et de cavaliers, se bousculant et s'invectivant copieusement en arabe (Dieu sait si le vocabulaire des injures est riche !) ou dans la langue rauque des Aragonais. Car une chose frappe, au premier abord : le nombre imposant des Espagnols qui se trouvent ici... comme chez eux, d'ailleurs. Le tour de la ville est bientôt fait. A part quelques petits souks indigènes, pleins de couleur et d'animation, rien ne retient l'attention dans cette ville avant tout commerçante ; c'est un assemblage de maisons à terrasses, sans caractère ni symétrie, d'une banalité inattendue. Plusieurs minarets, d'un style original, dominent la masse blanche des constructions. Sur le quartier des consulats, flottent, voisins, les pavillons des nations. (A noter les dimensions de celui du consulat d'Allemagne. Il est « Kolossal », évidemment).

Une foule bigarrée se bouscule, depuis l'ouverture des portes, sur les pavés inégaux des ruelles de la ville, dans le va-et-vient ininterrompu des arabas, des chevaux, des mulets, des estafettes, et des piétons affairés, menacés constamment d'être écrasés.

Citadins au ventre imposant et à l'aspect débonnaire, portant sous le bras le traditionnel petit tapis de prière en feutre rouge, ou juchés sur de fortes mules richement harnachées à la mode andalouse, y côtoient les montagnards aux jambes nerveuses et à l'œil farouche, qui mènent chez les « mercantis » les chameaux indolents chargés de toisons ou de grains, les Espagnols au teint basané, les Juifs au regard oblique, les Européens de toutes nations.

Accroupis sur leurs talons, devant la théière où fume le breuvage national, les marchands marocains regardent, en dévidant gravement leur chapelet, passer devant leurs étroites boutiques le flot sans cesse renouvelé des modernes conquistadores du sol maugrebin... et leur inévitable suite, si bizarrement panachée! Que murmurent les lèvres de ces pieux et dodus commerçants ? une imprécation contre ces « roumis » profanateurs du sol de l'Islam, ou une invocation machinale à Allah, dispensateur unique de tous biens ?

Tant de ferveur n'empêche pas l'avisé marchand d'essayer de représenter que la camelote allemande ou autrichienne, reconnaissable à son bon goût tout spécial, et qu'il offre avec des gestes onctueux, provient directement de Fez ou de Marrakech.

Un grand nombre de magasins sont tenus par des Européens... et par les indispensables Juifs. On trouve tout, ici. Il n'est pas superflu de dire que c'est à des prix exorbitants.

Naturellement, la ville renferme de nombreux cafés, dont l'inévitable « Café du Commerce », rendez-vous obligé des élégances civiles et militaires ; des bars, des buvettes françaises ou espagnoles, s'exhalent d'âcres odeurs d'absinthe ou d'anisette... A tous les carrefours, résonnent des guitares... ; un orgue de Barbarie « moud » inlassablement la *Marseillaise* devant chaque groupe d'officiers attablés. (Et quelle Marseillaise !!). Enfin — c'était fatal ! — de nombreux phonographes, installés un peu partout, nasillent sans arrêt, le soir, la *Matchiche* et autres refrains bien parisiens, fredonnés déjà par d'espiègles cireurs de bottes. O désillusion ! est-ce donc là le Moghreb farouche et mystérieux ? où êtes-vous, blanches cités d'Algérie ou de Tunisie, endormies sous le soleil, dans le calme de vos fraîches ruelles voûtées ?

Continuons notre visite. Quelques hôtels, où se paie plutôt cher un accueil trop souvent dépourvu de confortable et de civilité, sinon de punaises. On y côtoie, comme au café, un public cosmopolite plutôt mêlé. Nombreux sont, en effet, les gens au passé indécis qui, accourus Dieu sait d'où ! vers cette terre promise, se mêlent ici aux honnêtes commerçants, aux hommes d'affaires consciencieux, et aux colons résolus. Qui saura jamais quelles besognes vont alimenter la louche activité de tant de ces « vaillants pionniers de la première heure ? » C'est fatal. A l'arrière-garde des colonnes survient toujours, en pays neuf, la troupe de pareils aventuriers. Les colons novices n'ont qu'à bien se tenir... et les Maroçains aussi !

Le seul quartier original de Casablanca est le « Mellah », où grouillent, dans leur saleté coutumière, un nombre considérable de Juifs. Tous se livrent à d'infimes négoces (la majorité d'entre eux est d'ailleurs misérable), et une des rues principales de la ville est bordée par leurs boutiques exiguës et malpropres, tandis que leurs éventaires encombrent les trottoirs étroits.

L'occupation française les a affranchis de la condition si misérable où ils végétaient — tout en procréant abondamment, comme de règle — sous le régime plutôt despotique des pachas. D'horribles massacres marquèrent, on s'en souvient, la ruée des tribus dans Casablanca, lors des événements de 1907. Une fois de plus, ces pauvres Juifs firent tous les frais de ces joies barbares.

Délivrés désormais du cauchemar de se voir spoliés et bâtonnés par le caprice des gens du maghzen, ou pillés par leurs féroces voisins des campagnes, les Israélites bénissent les bienfaits de la paix française, et nous n'avons pas ici de meilleurs amis. Signalons déjà chez eux quelques velléités d'élégance. Des « complets-veston », des casquettes à visière de celluloïd (le dernier genre sur les plages tunisiennes en 1910), sans omettre le cache-poussière cher à tant de leurs coreligionnaires algériens, remplacent déjà, çà et là, les sortes de soutanes noires et les fez tronconiques de même couleur, dont l'intransigeance puritaine des Marocains rendait le port obligatoire à ces bons israélites, à l'exclusion formelle des vêtements réservés aux seuls musulmans.

Quant aux femmes, certaines ont adopté la robe « entravée » et le chapeau à la mode. Des couples d'une élégance spéciale attirent les regards amusés. La couleur locale y perd, c'est regrettable, car l'esthétique n'y gagne rien.

La ville est administrée par l'autorité militaire.

Elle a dû tout organiser. Les pachas avaient, on le conçoit, une notion imprécise de leurs obligations municipales, et se bornaient à « manger » rapidement, et sans scrupules, leurs administrés. On a vite mis fin aux errements de ces originaux « fonctionnaires ». Les services de la voirie sont dirigés par la même autorité. Ici encore, elle a de quoi s'occuper. Marocains, Espagnols et Juifs n'avaient aucune idée des règlements de salubrité, et pratiquaient largement la pratique du « tout à la rue ». Un détail pittoresque : les fonctions d'agent de police sont tenues par des tirailleurs indigènes, munis chacun d'une trique, insigne éloquent de l'autorité. Sous leur surveillance, des équipes de prisonniers indigènes balaient les rues, et les arrosent au moyen de peaux de bouc. Afin de leur enlever toute velléité d'évasion, ces auxiliaires forcés de la voirie sont reliés l'un à l'autre par une corde attachée au milieu du corps. Cette servitude n'enlève par le rire bon enfant qui découvre leurs dents blanches. Le régime de ces prisonniers est bien doux, à côté de celui d'avant, du temps du pacha. Les geôles étaient alors des géhennes, d'où l'on sortait rarement vivant, si quelques douros, distribués à point, ne venaient renforcer les supplications des misérables, jetés en prison, bien souvent, par le caprice d'une autorité brutale et sans contrôle...

Et voilà Casablanca visitée. N'oublions pas, à l'extérieur, l'agglomération imposante des baraques du camp, comprenant logements, écuries, magasins des services divers, parcs de matériel. Vraie petite ville de planches, aux larges avenues régulières. A l'entrée, un haut pavillon tricolore signale le trop modeste quartier général. A gauche de l'avenue qui mène au camp, en dehors et non loin des murailles, s'est élevé, déjà, tout un quartier européen. Des fortunes rapides se sont réalisées ici, par la spéculation sur les terrains à bâtir, accaparés à bas prix, dès les premiers événements de 1907, par des capitalistes hardiment avisés. Dans ce quartier hâtivement construit, voisinent banques, entrepôts, minoteries, hôtels, boutiques, cafés-concerts. Le « sokko » (marché) est à l'entrée de ce nouveau Casablanca. L'animation y est constamment intense, car les pistes qui mènent vers Rabat, Marrakech et la Chaouïa aboutissent ici. Quelle cohue pittoresque de bêtes et de gens, dans l'épaisse poussière ! Et quelles odeurs aussi montent de cette foule bariolée, circulant au milieu des cris des marchands, du fracas des attelages, des appels gutturaux des chameliers !

Le soir venu, la foule des troupiers, des indigènes et des Juifs envahit les abords des cafés. Ebahis, des Bédouins venus du bled lointain se pressent aux terrasses des « beuglants », pour contempler les ébats chorégraphiques des « artistes ». Un piano éreinté scande, plus loin, les ritournelles éraillées d'un chanteur « mondain », en habit noir, la boutonnière fleurie de blanc. Sur cette bousculade bruyante et joyeuse, plane l'odeur de l'absinthe. Dans l'ombre, rôdent de jeunes juifs, et des femmes espagnoles ou arabes, prêtresses dépenaillées d'une Vénus au culte économique.

Tantôt, tout ce bruit s'éteindra, et le pas des patrouilles troublera seul, par les ruelles désertes, le silence étoilé de la fraîche nuit bleue. Rentrons au camp, sous nos tentes de nomades. Elles vont être désormais, notre logis, pendant de longs mois peut-être, au gré des bivouacs de la plaine et de la montagne ; demain va commencer notre vie errante, pleine d'imprévu, de fatigues et de périls aussi, joyeusement acceptés d'avance.

Et nous n'aurons pas, de sitôt, la nostalgie des joies de Casablanca, trop peu différentes, vraiment de celles des petites garnisons de France.

Et puis... nous rêvons d'autre chose. Nous voulons notre part de la besogne immense qui s'offre, en ce pays à peine entamé, à l'activité et à l'énergie françaises. Nos troupes vont déborder bientôt de la Chaouïa, et occuper d'autres régions, à moins qu'une diplomatie malaisée n'arrête bientôt leurs efforts... Où que se dirigent nos colonnes, les « Joyeux » seront de la fête.

Rin tin tin.... nous partons demain !
Et ri qui qui, nous voilà partis ;
Voilà qui est bon, demain nous partons,

chantent les loustics de la 1re, tout en bouclant leurs sacs. Leurs âmes de nomades exultent, à la pensée de marcher.

En route, donc. Où nous mèneront nos destins ? « Rebbi iarf » (Dieu le sait), disait autrefois mon ordonnance Mbarek, bon tunisien dont le fatalisme ne s'étonnait de rien. Et cela suffit, n'est-ce pas ?

CHAPITRE III

En route, vers le « bled ». — La Chaouïa. — La paix française.

Le 25 mai, dès les premières lueurs du jour, le bataillon, dont les approvisionnements et le matériel avaient été complétés à Casablanca, prenait la direction de l'Est. Notre destination nous était enfin connue. Deux de nos compagnies, avec le chef de bataillon, étaient dirigés sur Sidi-Moussa, poste avancé dans la région de la Chaouïa limitrophe du pays zaër. Les deux autres compagnies — dont la première — devaient s'arrêter au camp du Boucheron, au pied des hauteurs qui enserrent à l'Est les plaines de la Chaouïa. Nous fûmes un peu désappointés, car nous avions nourri l'espoir d'être envoyés dans la direction de Fez, rejoindre la colonne Moinier, dont de rares nouvelles, nous apprenaient les exploits. Mais que faire, sinon se résigner, en attendant de meilleurs jours ?

La première étape fut franchie sans incident. Mais la pluie, tombée pendant la nuit, avait détrempé le sol. Une boue noirâtre et épaisse collait aux semelles. Et nos hommes, portant le chargement complet de guerre, revêtus de la lourde capote de drap, par la chaleur humide, n'avançaient que péniblement, sans se départir pourtant de cette belle humeur gouailleuse, qui leur valut, jadis, ce sobriquet, désormais classique, de « Joyeux ».

A dix-huit kilomètres, étape à la kasbah de Médiouna ; constructions tombant en ruines, encloses dans une enceinte rectangulaire flanquée de bastions crénelés, et percée d'une porte ogivale, sur laquelle flotte le drapeau de France.

Une section de zouaves tient garnison ici. Sous les murs de la kasbah, s'élèvent quelques baraques en planches, construites, pour la plupart, avec des débris de caisses, et recouvertes avec des lames de fer-blanc provenant de bidons de pétrole. Dans ces masures, vivent des « mercantis », qui débitent des victuailles... et de l'absinthe aux troupes de passage. Quelques rares Français, des Grecs et des Espagnols, surtout, vivent ainsi, auprès de chaque poste, de cette dure existence. Ils rendent de précieux services ; mais aussi quel fléau, pour la santé des hommes, que ces alcools innommables, ces absinthes de traite, auxquels l'autorité militaire fait une guerre sans merci, où l'astuce de débitants sans vergogne, aidée par la malice du troupier, l'emporte trop souvent sur les mesures prévoyantes des chefs et la vigilance des gendarmes ! N'oublions pas ici, puisque j'ai parlé de bidons à pétrole, de rendre un hommage mérité... (j'allais dire à leurs vertus !) aux services que savent en retirer nos industrieux soldats. J'ai entendu avancer que, sans le bidon à pétrole et le mulet, la conquête de l'Algérie eût été beaucoup plus malaisée. C'est un peu exagérer, en ce qui concerne, tout au moins le premier. Ses multiples emplois (marmites de bivouac, récipients pour l'eau, seau à douches, fourneau, tuiles de baraques, tuyau de poêle, etc., etc.) le rendent toutefois sympathique à tous les gens de la brousse, et il convenait de l'attester ici.

A peu de distance avant d'atteindre Médiouna, un modeste monument, en forme de pyramide, évoque le souvenir d'un spahi indigène tué lors de l'attaque de la kasbah, dirigée en 1909 par le général Drude. Déjà, autour de Casablanca, et dans le camp même — témoignage éloquent de l'acharnement des combats livrés, sous les murs même de la ville, par une poignée de vaillants à des hordes de Marocains fanatisés, nous avions pu remarquer et saluer de nombreux monuments, élevés par la piété de leurs frères d'armes aux braves restés sur le champ de bataille. Ihler, Provost, d'autres noms encore, moins connus, mais aussi glorieux, évoquant de rudes engagements, et rappelant à nos cœurs, dès nos premiers pas sur cette terre fameuse, que la grandeur et la gloire de la Patrie ne sont faites que du sacrifice joyeux de ses enfants ! Le lendemain, la route s'engageait au milieu de riches moissons, ondulant à perte de vue sous la brise marine. « Riches » n'est pas un qualificatif suffisant. Le mot « merveilleux » convient mieux. Sur un sol noir et gras, le « tirs », analogue dans sa composition, aux fameuses terres noires de la Russie méridionale, les récoltes sont, généralement, magnifiques. Nos chevaux disparaissaient jusqu'au poitrail, dans les blés et les orges. Et dire que ces récoltes ne sont obtenues qu'en grattant le sol avec la primitive charrue arabe ! De loin en loin, une ferme, à l'aspect de forteresse, aux murs crénelés ; des bouquets de cactus ou de figuiers, des puits à l'eau saumâtre ; et, indéfinie, la mer houleuse des céréales, blonde sous l'ardent soleil. Quelle richesse ! Aucun de nous n'avait encore vu de spectacle pareil, en Algérie ou en Tunisie. C'est qu'il pleut régulièrement, ici.

Tout le long de la piste poudreuse suivie par le bataillon, passent des cavaliers marocains, des piétons, de chameliers. Et tous, de saluer avec respect les officiers. Qui reconnaîtrait en ces paisibles paysans, à l'aspect débonnaire et soumis les farouches guerriers qui livrèrent tant de combats meurtriers à nos colonnes, et que, seule, l'irrésistible décision du général d'Amade put courber devant nous ? Pourchassés avec une invincible énergie jusque dans leurs positions les plus fortes, surpris par des marches d'une rapidité inouïe, canonnés et fusillés sans répit par d'admirables troupes dignes de leur chef, ces Marocains, quittant la charrue et les troupeaux pour prendre le fusil, et se ruer au devant de nos colonnes, ont forcé, par leur courage tenace, l'admiration de nos soldats. La répression fut dure ; elle devait l'être. L'Arabe, quel qu'il soit, ne s'incline que devant la force, ne respecte qu'une autorité appuyée sur un sabre. Et maintenant, revenus à leurs champs, la paix faite, ces mêmes adversaires d'hier sont devenus nos amis. L'or français, et les « douros » ont, largement, payé les transactions. Partout, dans cette Chaouïa dont le canon éveillait naguère les échos, c'est la paix, la paix française, féconde et juste. Chacun y vit en liberté ; les luttes intestines qui faisaient se ruer les tribus contre les kasbahs des caïds, les rapines, les attentats, ont pris fin avec l'occupation des « roumis ».

Je pense à tout cela, tandis que des moissonneurs, un tablier de cuir à la taille, s'interrompent dans leur labeur, pour me saluer, avec un bon sourire. La colonne passe devant une kasbah, où une brèche s'ouvre encore béante, dans un mur. Ici aussi, on s'est battu, et nos canons ont fait leur terrible besogne ! Comme tout cela semble loin ! Les épis ondulent, en rangs serrés, sur ces champs où tant de braves gens tombèrent, un chaud soleil brille... Au ciel, un aigle passe, les ailes largement éployées. Un latin y eût vu un présage ! Qui sait ? ne sommes-nous pas des Latins ?

CHAPITRE IV

Le camp du Boucheron. — Les Sénégalais.

Après avoir franchi deux autres étapes, toujours au milieu des riches moissons recouvrant la plaine, le bataillon arriva le 29 mai au camp du Boucheron. Dans un rectangle, entouré d'un profond fossé, précédé lui-même de réseaux de fil de fer barbelé, se dressent, sans symétrie, des baraques de pisé recouvertes de tôle ondulée. Magasins à vivres, bureaux du commandement, télégraphe, ambulance, logements des hommes, se groupent autour d'un mirador de charpente, où flotte le drapeau.

A côté du camp, des paillottes, où logent des tirailleurs sénégalais. Plus loin, un assemblage de baraques en bois. C'est le marché. Un oued, dont les eaux arrosent quelques jardins de figuiers, coule au pied du mamelon que domine le camp. Sur la crête qui surplombe la rivière, une construction blanche, le bureau arabe, qu'entourent les tentes des goumiers, ou leurs huttes coniques, recouvertes de chaume.

Paysage monotone. La mer des céréales, que nous avons traversée depuis Casablanca, s'étend sous nos yeux, fauve. Quelques fermes blanches émergent, çà et là, des récoltes, de loin en loin, un maigre bouquet d'arbres met une tache sombre sur l'or des orges et des blés.

Notre installation est bientôt faite. Nos hommes sont logés dans ces baraques de fortune, ou sous de grandes tentes coniques. Puces et souris cohabitent indiscrétement avec nous. Avec cela, la chaleur du jour s'emmagasine sous les toiles. Charmant séjour ! Nos hommes couchent en plein air car il leur est impossible de fermer l'œil, dans de telles conditions d'installation.

Le lendemain de notre arrivée, les tirailleurs sénégalais nous quittent, gagnant un autre poste. Ils évacuent leur pittoresque village de huttes de branchages, et les voilà partis par le bled, de leur pas élastique d'infatigables coureurs de brousse. Pieds nus, ou chaussés de sandales de cuir, un ballot d'effets sur les reins, ils portent chacun un « coupe-coupe », sorte de serpe. « Ça, y a bon, pour couper têtes Maroc », disent-ils, dans un large rire qui découvre d'admirables dents. Beaux hommes, en général, musclés et bien découplés. Tous portent de singulières amulettes, leurs « gri-gri ». Avoir « bon gri-gri », tout est là. On peut, avec cela, affronter tous les dangers ! Arrive-t-il malheur à l'un d'eux ? L'explication est simple « lui avoir mauvais gri-gri ».

« Mesdames Sénégal », leurs robustes et vaillantes épouses, luronnes à l'air éveillé, ou matrones respectables qui ont déjà fait campagne sur le Haut-Niger ou en Chaouïa, suivent, en jacassant, la colonne. Elles portent sur la tête d'énormes calebasses, contenant les ustensiles de cuisine et les provisions du ménage. Les négrillons en bas-âge, à califourchon sur le dos de leur mère, ne laissent voir que leur tête crépue, dont les cheveux, tressés en fines nattes entremêlées de cauries ou de perles blanches, reluisent au soleil. Un morceau d'étoffe, enroulé autour du corps de la porteuse, les retient.

Quant aux autres gamins en âge de marcher, nus ou vêtus sommairement de chemises courtes en cotonnade et de « gri-gri », ils s'égaillent en gambadant devant les clairons et sur les flancs de la colonne. Nous leur jetons des sous. Ils nous sourient gentiment. Et la troupe noire s'éloigne, dans la poussière. Nous la retrouverons bientôt, espérons-le. Ce sont de rudes compagnons de guerre, que ces Sénégalais. Il fera bon marcher et combattre avec eux. Les Marocains les redoutent, car ils ont déjà eu à faire à leur bravoure endiablée.

Les sympathiques soldats ! Sobres, endurants, infatigables, dévoués comme des chiens, ne rêvant que guerre et aventures, ils ont l'affection confiante de leurs officiers, auxquels ils témoignent, en retour, un attachement touchant. Et, ici comme au Soudan, comme à Madagascar, dès qu'il s'agit de partir au feu, ils ont vite plié bagage, et ceint le large ceinturon où leurs inséparables amulettes voisinent avec la fine et redoutable baïonnette, jalousement astiquée. Au revoir, les Sénégalais !...

Les deux compagnies qui vont occuper le poste avancé de Sidi-Moussa nous ayant quittés le 31 mai, nous restons seuls ici. Pour occuper utilement nos « Joyeux », le commandant du poste leur confie la construction de... locaux disciplinaires. Est-ce une ironie, ou un discret avertissement ? Les plans prévoient de nombreuses et spacieuses cellules. « Ce sera aussi chic qu'à Fresnes », dit en gouaillant un de mes maçons, vieil habitué des prisons de France.

Ces « joyeux ! » quelle verve, quel esprit parisien empreignent leurs réflexions ! La « blague », en toutes circonstances. Leur langage coloré m'amuse. Ils ne rêvent que plaies et bosses, et se montrent déjà impatients d'aller, eux aussi, à l' « avant », là où les marsouins, les légionnaires, et les tirailleurs « marchent la route », en cognant dur et ferme sur les « bicots ».

Des nouvelles, apportées par le télégraphe, nous arrivent chaque jour des colonnes en marche sur Fez. Et chacun de les commenter passionnément, en jalousant un peu les camarades de là-bas. Ils ramassent des lauriers, avec le général Dalbiez et le colonel Gouraud ; chacune de leurs étapes est marquée par un combat où la « furia francese » culbute l'ennemi. Ceux-là font de l'action ! ils vivent ! Et nous ? va t'on nous oublier ici ? Soudain, nous apprenons l'entrée du général Moinier à Fez. Et les suppositions d'aller maintenant leur train ; on dit, en effet, qu'à son retour de la capitale maugrebine, le général en chef doit infliger aux « farouches » Zaërs (ce qualificatif est devenu quasi-réglementaire ici, quand on parle de ces tribus), nos turbulents et irréconciliables voisins de l'Est, la leçon sévère que méritent leurs nombreux méfaits. Nous avons à venger la mort des deux lieutenants Méaux et Marchand, tombés sous leurs coups, à relever leurs incessants défis. Quant à leurs coups de main sur les tribus ralliées, qu'ils tentent, par leurs menaces, d'entraîner en dissidence, on ne les compte plus.

Si l'opération dont on parle a lieu, nous avons des chances de marcher, nous aussi. S'il s'agit de cogner, les « joyeux » sont « un peu là », comme ils disent. Et puis, leur départ en colonne leur sera, en tous points, salutaire. La quasi-inaction dans laquelle nous sommes maintenus ici ne leur vaut rien. En dépit de la surveillance, Grecs et Espagnols vendent trop d'absinthe ; la présence de folles et brunes filles d'Eve, venues des douars pour tirer parti de leurs charmes aussi dangereux que faciles, et logées, près du camp, sous des tentes en loques ou dans des gourbis, n'est pas sans exciter des passions et des jalousies... En colonne, tout cela disparaîtra. Mais irons nous ?

En attendant, nous sortons, tous les jours, en tenue de guerre, pour conserver l'entraînement à la marche. A l'Est du poste, le terrain est accidenté. Des ravins, où coulent, par les lauriers-roses, des ruisselets clairs, s'ouvrent à travers d'abruptes collines de terre rouge. Plus loin, la vue s'étend sur de hautes montagnes, aux flancs boisés. C'est au pied de l'une d'elles, le Mquarto, que le général d'Amade, acculant, par une série de marches, les contingents M'dakra, leur infligea l'écrasante défaite qui brisa leur résistance acharnée. Sur un plateau, non loin du poste, à l'Est, se dresse un monument, élevé à la mémoire de deux officiers de cavalerie et d'un certain nombre de chasseurs d'Afrique et de spahis, tombés à leurs côtés, lors d'un rude et sanglant engagement. Faisant mine de se replier devant nos cavaliers, les Marocains démasquèrent soudain leurs fantassins, tapis dans les hautes herbes, et faisant feu à bout portant sur la petite troupe. C'est en portant secours, le sabre haut, à son camarade du Boucheron, que le brave lieutenant Sylvestre trouva, à son tour, la mort. Rude apprentissage, que firent, pendant ces pénibles colonnes de la Chaouïa, nos braves petits cavaliers, non initiés encore aux ruses d'un ennemi rompu, par une pratique ancestrale, à la guerre d'embûches, sur un terrain qu'il connaissait merveilleusement.

Par un clair matin, j'ai mené mes hommes, comme en pieux pèlerinage, à ce monument. Sous nos yeux s'étendait la Chaouïa, conquise au prix de tant de valeureux efforts. Au loin, on devinait la mer. Les clairons sonnèrent « aux champs ». J'observai les chasseurs. Un mâle frisson crispait leurs jeunes visages imberbes, tandis que, le regard haut, ils rendaient les honneurs à leurs braves devanciers. Bon signe, pensai-je. Voici une bonne leçon de choses, une belle évocation d'énergie. Quelle théorie dans les chambres, en paix, eût jamais pu la valoir ?

Le mois de juin se passa ainsi, sans incidents marquants. Dans les derniers jours, les bruits confus d'une action imminente contre les Zaers, attribués d'abord « aux ordonnances et aux cuisiniers», se précisèrent rapidement. Le 1er juillet, la compagnie recevait l'ordre de se préparer à entrer dans la colonne que le colonel Branlière rassemblait à Camp-Boulhaut, pour opérer en pays zaër.

Le quatre juillet, la joie au cœur, et de gaillardes chansons aux lèvres (qu'eût dit M. Bérenger de ce répertoire... expressif ?) les « Joyeux » quittaient le camp du Boucheron, pour gagner, en deux étapes, le point de concentration.

Massés, nos camarades de l'autre compagnie, qui restait ici, nous firent leurs souhaits de bonne chance... C'est en vain que leurs saillies voulaient cacher leur noble envie... Le cœur gros, ils nous regardaient partir ; nous, sans regret, nous laissions-là ce camp monotone et ses puces. Jamais étape ne fut plus aisément enlevée.

———

CHAPITRE V

En colonne, chez les Zaërs (juillet 1911). — En route. — Combat d'Ez-Zitouna.

Le quatre juillet, nous campons sous Fort-Gürgens (ainsi nommé pour commémorer le souvenir d'un modeste légionnaire mort à l'ennemi). Dans ce poste, agréablement perché sur une crête, l'ingéniosité d'un lieutenant de tirailleurs sénégalais, qui ne disposait cependant que de modestes crédits, et n'employait que la main-d'œuvre de ses noirs, a su réaliser le prodige d'édifier des baraquements confortables, entourés d'une imposante fortification. Le lendemain, une forte étape, de 35 kilomètres, accomplie par une chaleur suffocante, nous amenait à Camp-Boulhaut. La piste coupe, à peu de distance du poste, le défilé de Ber-Rabah, fameux à jamais dans notre histoire marocaine. C'est sur ces mamelons rougeâtres, couverts d'une végétation lépreuse, que, le 17 février 1908, la colonne Taupin, venant de la côte pour rallier le général d'Amade, livra un terrible et meurtrier combat à un ennemi nombreux, tenace et décidé. Deux officiers du 4e régiment de tirailleurs algériens, le lieutenant Boulhaut et le sous-lieutenant indigène Ahmed ben Slimane, trouvèrent ici un trépas glorieux, en conduisant à la charge leurs intrépides turcos. Pauvre Boulhaut ! je l'avais vu partir de Bizerte, dans les derniers jours de décembre 1907, sur le croiseur Victor-Hugo. Marié depuis quelques semaines à peine, il partait cependant plein de joie d'aller faire son devoir...

Des prodiges d'héroïsme illustrèrent ce combat. Le lieutenant Dupas (décoré pour sa belle conduite) vengea la mort de son jeune camarade ; dans la ruée d'un corps à corps sans merci, il assomma plusieurs marocains à coups de crosse de fusil. Les tirailleurs tunisiens du commandant Beulé surent montrer, ce jour-là, qu'ils étaient les dignes frères des héros de Frœschwiller et du Sud-Oranais ! Depuis, leur belle réputation n'a fait que s'accroître. De nombreux et lourds sacrifices, en officiers et en hommes ont jalonné ses glorieuses étapes successives, là-bas. Souvenons-nous qu'un de ses bataillons, sous les ordres du commandant Philippot, pénétra de vive force dans Fez, en avril 1912 et sauva les légations ; souvenons-nous encore que son sixième bataillon (commandant Fellert) subit victorieusement, à la même époque, dans le camp de Dar-Debibagh, les attaques répétées et furieuses de milliers de Berbères, rués à l'assaut des tranchées, qu'ils comblèrent de leurs cadavres. Honneur à ce brave et magnifique régiment ! Je conserverai toujours l'orgueil d'y avoir servi. Et c'est d'un cœur fraternel que je salue ici la mémoire de mes bons camarades, les capitaines Bourdonneau et Flamand, tombés à la tête de leurs tirailleurs bleus ; le premier, dans un combat de rues, à Fez ; le second, à Sefrou, au cours de l'année 1912.

Comme nous approchions de Camp-Boulhaut, des accents aigus de fifres retentirent, soudain, dans les rochers abrupts dominant la piste. Surpris, nous levâmes la tête. Les légionnaires en garnison au fort nous souhaitaient la bienvenue. Aussitôt, nos clairons d'entonner, à plein souffle, la fameuse marche de la Légion « tiens, voilà du boudin (*ter*) pour l'Alsacien, le Suisse et le Lorrain ». Et « Joyeux » et légionnaires, vieux compagnons de guerre, qui firent jadis le coup de feu côte à côte, au Tonkin et au Dahomey, d'échanger de fraternelles acclamations. Ces légionnaires au visage bronzé seront aussi de la prochaine fête — peut-il y avoir bataille sans eux ? — ils font, en effet, partie de la colonne.

Installés au bivouac, nous voyons converger de l'Ouest, vers le Camp-Boulhaut, les divers éléments qui composeront avec nous la colonne du colonel Branlière. Sur toutes les pistes qui traversent la plaine, s'élèvent des tourbillons de poussière, striée d'éclairs d'acier, gronde le roulement des canons aux robustes attelages.

Dans l'après-midi, la concentration est achevée. Nous sommes, en tout, environ 3.000 hommes, avec quatre pièces de canon. Voilà de quoi faire de belle besogne. Les goumiers du capitaine Flye-Sainte-Marie (chef du bureau arabe d'ici) formeront notre extrême avant-garde. Ils connaissent admirablement le pays, et plus d'un a un vieux compte à régler avec les turbulents Zaërs.

Eux-mêmes ont des figures de bandits. Un morceau d'étoffe rouge, drapée autour de leur tête, indique leur qualité d'auxiliaires français. Ils montent des chevaux nerveux, et chacun d'eux est armé d'un fusil Gras. A leur tête, un vieux caïd à barbe blanche et à l'œil malin. Et tout le goum, lancé à vive allure, de se porter au devant du colonel qui arrive de Casablanca. Spectacle imposant, que celui de ce bivouac. A droite, les tentes de l'infanterie, symétriquement disposées. Au milieu, les quatre canons allongent leur gueule. Les lourds caissons chargés d'obus, et les attelages sont disposés sur une ligne, en arrière des pièces. Plus loin, à gauche, les nerveux chevaux des spahis hennissent, à la corde. En arrière, un imposant convoi de chameaux, qui porteront les vivres, et les arabas, avec leurs conducteurs kabyles.

Le bivouac est établi sous de hautes roches rougeâtres, que dominent les blanches constructions d'une redoute. Sous nos yeux, la plaine sans fin ; à l'Est, un rideau sombre de forêts, où nous nous engagerons après-demain, vers l'inconnu.

Le soleil a disparu, à l'horizon. La nuit bleue, où scintillent les premières étoiles, s'étend sur le steppe assoupi. Les feux des cuisines du bivouac jettent de mourants reflets. Soudain, une sonnerie de clairon égrène dans l'ombre des notes brèves... Et un majestueux silence plane bientôt sur le camp qui s'endort... Allons rêver de gloire. Mais avant, assurons-nous de la vigilance des gardes. Car si l'ennemi est encore loin, les voleurs de chevaux et d'armes sont là, tapis dans la nuit propice, prêts à mettre à profit la moindre négligence... Sentinelles, prenez garde à vous !

Le neuf juillet, au lever du jour, la colonne s'ébranle. En pointe, les goumiers, suivis par deux pelotons de spahis. L'infanterie vient ensuite, encadrant l'artillerie et une section de mitrailleuses. Enfin, le convoi, dont les chameaux tanguent en allongeant leur cou, en file interminable, sous les cris rauques de leurs conducteurs marocains. L'ambulance, et l'arrière-garde. Dès la sortie de Camp-Boulhaut, la piste sablonneuse s'engage dans une forêt de chênes-lièges assez clairsemée. L'aspect du pays diffère complètement de celui de la Chaouïa. Plus de récoltes, ou presque. De vastes étendues herbeuses ; dans les fonds de molles dépressions, croupissent des mares où des cigognes, peu farouches, plongent leur long cou dans la vase. Le pays est désert, ou presque.

Vers dix heures, nous sommes sur les bords de l'oued Cherrath. La piste rocailleuse court au flanc de mamelons boisés et abrupts. La longue colonne s'engage sur une descente rapide, dans le fracas des pièces de canon et des voitures, bondissant de pierre en pierre. La rivière, aux eaux limpides, court entre des buissons fleuris de myrte et de lauriers-roses, d'où s'envolent des tourterelles et des merles effarouchés. Site d'une fraîcheur virgilienne, que je contemple, en regardant les chasseurs passer le gué, tandis que mon placide cheval « Ourlet » boit à longs traits dans l'eau claire.

Non loin de moi, artilleurs et conducteurs d'arabas n'ont guère le loisir d'admirer la nature ! Après la périlleuse descente, tous freins bloqués, et le passage de l'oued, il faut maintenant gravir des pentes très raides ; chevaux et mulets tirent à plein collier, glissent, s'arc-boutent de toutes leurs forces, tombent, et se relèvent à grand renfort de coups de fouet, scandés par tous les jurons du copieux vocabulaire franco-arabe ; on arrive à la rescousse ; et, renforcés, les attelages arrivent enfin, avec l'aide des « Joyeux » et des Sénégalais poussant aux roues, à franchir le maudit passage.

Parvenus sur le plateau, nous campons assez tard à Aïn-el-Haouïmed, dans une clairière du bois, à proximité d'une source, dont l'eau est remplie de sangsues.

Le lendemain, une étape par la forêt nous conduit jusqu'à la rive Ouest de l'oued Korifla, profond et large ravin boisé au-delà duquel commence immédiatement le pays zaër, où sont signalés des rassemblements ennemis.

Le colonel établit le bivouac à Argoub-Soltane, sur un mamelon peu accentué au débouché ouest un ravin. D'ici, le regard s'étend, au delà du Korifla, sur la plaine fauve où, demain, parlera la poudre. Au loin, apparaissent de hautes montagnes bleuâtres, nettement découpées sur le ciel.

Dans la plaine mystérieuse, là-bas, la casbah de Merchouche dresse sa masse blanche. C'est la demeure de marabouts influents, nos ennemis acharnés. Leur traîtrise causa, naguère, la mort du lieutenant Marchand, tombé dans une embuscade, alors qu'il se dirigeait, en hôte confiant, vers la Kasbah. Les « saints » hommes auront probablement groupé autour d'eux les contingents zaërs. Leur Kasbah va donc faire connaissance avec nos obus à mélinite ! Quelle joie ! nous allons nous battre ! Déjà, les goumiers d'avant-garde ont eu à escarmoucher, tantôt, contre les éclaireurs de l'ennemi. Nous avons 2 chevaux et 2 hommes blessés... Il faudra ouvrir l'œil, cette nuit ! Dans la journée, le commandant m'appelle. Par ordre du colonel, une compagnie du bataillon sera maintenue ici, pour assurer la liaison de la colonne avec l'arrière, et y garder le lourd matériel qui ne pourrait franchir le Korifla. De plus, elle assurera la garde d'un poste optique reliant la colonne à Camp-Boulhaut. Or, la 1re compagnie doit être détachée la première, de par son tour. Conclusion... elle restera ici, jusqu'à nouvel ordre. Que faire, sinon s'incliner devant l'ordre ? Je n'ai jamais mieux compris la sévère philosophie du vieil adage romain « dura lex... ». C'est tout de même vexant ; et j'ai bien du mal à apaiser le noble mécontentement de tous mes gens ; pour eux, comme pour leur chef, quel crève-cœur que de rester ici, pendant que les camarades iront au feu !

Sénégalais, tirailleurs et légionnaires nous aident, pendant cet après-midi, à creuser les fossés de la redoute qui devra nous abriter. Mais les pioches mordent peu, dans cette terre argileuse si dure. Nous aurons de quoi nous occuper ! Le lendemain matin, la colonne, en ordre échelonné, quitte Argoub-Soltane, s'engageant sur le chemin sinueux et difficile qui descend dans cet impressionnant ravin de l'oued Korifla. Si des partisans ennemis veulent nous en disputer le passage, il faudra en découdre, et dur ! cette piste étroite et raboteuse longe, en effet, des pentes très raides, couronnées de brousse épaisse, côtoie à pic de profonds ravineaux, est dominée presque partout à courte distance. Et ces rapides pentes rouges, de l'autre côté de la rivière ! comment les attelages vont-ils pouvoir les gravir ?

Soudain, deux coups de canon retentissent, tirés par la batterie de 75, placée en surveillance pour couvrir le débouché des éléments de l'avant-garde. Nos cœurs battent. Est-ce le commencement de la danse ? pourtant, nous n'entendons pas de fusillade, vers le plateau. Et les deux obus éclatent, là-bas, au-dessus de la berge du ravin, à trois kilomètres environ, non loin d'un petit groupe de cavaliers qui s'enfuit au galop. (Nous apprendrons, par la suite, que nos artilleurs ont canonné nos goumiers, parvenus déjà sur le plateau sans avoir rencontré l'ennemi. De pareilles erreurs sont fatales, car rien, à de telles distances, ne saurait permettre de discerner un Marocain ennemi d'un de nos partisans).

En entendant le canon, le lieutenant L..., du 3ᵉ spahis, bondit du lit de camp sur lequel il se tordait de douleur. Gravement fatigué, il avait été maintenu au poste, par ordre de la Faculté. « On se bat ! J'y vais. Mohammed, selle les chevaux ! » Et, hissé en selle, se cramponnant à l'arçon, l'énergique officier marche au canon, maîtrisant la souffrance qui le tenaille. Les deux cavaliers s'éloignent. Que ne pouvons-nous les suivre ?

Nous apprenons dans la journée que la traversée de l'oued Korifla s'est effectuée sans coup férir, contrairement à toutes les prévisions. Mais au prix de quels efforts, pour les attelages d'artillerie ! Il a fallu, à plusieurs reprises, les doubler ou tripler. Les vaillantes bêtes, que ces gros chevaux français, si docilement énergiques ! De quel cœur ils tirent sur leurs traits ! Mais aussi, quelle habileté, quel sang-froid chez leurs conducteurs !

La colonne campe à « Aïn-Zebboudja ». D'ici, nous apercevons les fumées de son bivouac.

La garnison du poste comprend : la 1re compagnie d'Afrique (150 fusils), 5 spahis algériens, 3 goumiers marocains, 2 sapeurs télégraphistes, chargés d'un appareil optique, 2 ou 3 tirailleurs malades, 4 infirmiers, quelques ouvriers d'artillerie, 3 sapeurs du génie. On a laissé ici un échelon d'ambulance, toutes les voitures lourdes, tout le matériel encombrant. En tout, 200 hommes, 150 chevaux ou mulets.

Il n'y a pas une minute à perdre, pour mettre le poste en état de défense. Et chacun y contribue. Il faut s'attendre, en effet, à être attaqués, de nuit surtout, si ces brigands de Zaërs, à qui rien n'échappe, se rendent compte de notre isolement et de notre petit nombre. Le terrain environnant, coupé et fourré, se prête admirablement à un coup de main, et des ravineaux perfides s'enchevêtrent sur trois côtés du camp. Tout le monde comprend la situation. Aussi, de quel cœur se manient pelles et pioches ! travail exténuant, pourtant, sous le soleil ardent !

A midi, une compagnie de légion arrive au poste, escortant le premier convoi de ravitaillement de la colonne. Elle couchera ici.

A peine est-elle installée, qu'un cavalier marocain, dont la monture est couverte de sang, débouche du ravin. C'est un des deux courriers que j'avais expédiés, une heure avant, à peine, au colonel, porteurs de dépêches urgentes venant de l'arrière. Il m'apprend que son compagnon et lui sont tombés dans une embuscade, dans les lauriers-roses du fond du ravin. L'autre Marocain, grièvement blessé d'un coup de feu, est peut-être mort déjà. Quant à lui, il a épuisé ses cartouches. Son cheval est blessé à la croupe. Louange à Dieu ! Ainsi se termine son récit, débité avec autant de calme que si rien n'avait eu lieu. Alors, seulement, il met pied à terre, et demande à boire. Je lui fais donner du café ; une telle générosité semble le ravir.

Nous ne pouvons pas laisser le courrier blessé mourir ainsi. Une section de légionnaires, et une de la compagnie (chacune revendiquant, bien entendu, la faveur d'être désignée) s'en vont aussitôt le rechercher. L'ennemi a disparu. On retrouve le courrier. Il porte une affreuse blessure au bras. Mais, fier, il me présente ses dépêches. Les brigands lui ont pris son cheval et son Winchester. Cette perte le navre. Je le rassure ; on lui donnera de quoi les remplacer : Rassuré, il bénit ma descendance, en de nobles formules, et on l'emporte à l'ambulance.

Il m'a raconté, par la suite que deux Zaërs suivaient sa piste, à travers les lauriers-roses, grâce aux traces de sang de sa blessure. Sa présence d'esprit l'avait sauvé ; comprimant une artère, il avait empêché le sang de couler... et, les traces s'arrêtant, ses deux ennemis, déroutés, avaient rejoint leurs compagnons, tout en proférant de terribles imprécations contre lui, et attestant, par Allah ! qu'ils le retrouveraient plus tard.

La nuit suivante se passe dans le calme. Une sentinelle de la Légion a fait feu sur un rôdeur, qui n'a pas insisté. A l'extérieur du camp, sur chaque face, des petits postes veillent, dans l'ombre. Un officier, ou sous-officier, relevé toutes les heures, circule constamment. Pendant le jour, les spahis et goumiers, en vedette sur les points dominants aux environs du poste, surveillent les débouchés du ravin. Avec un adversaire aussi rusé, ces précautions sont élémentaires. Toute négligence, tout laisser-aller, se paieraient cruellement.

Le onze juillet, la compagnie de légion nous quitte, à destination de la colonne. Elle trouvera, à la sortie Est du ravin du Korifla, un bataillon d'infanterie et une pièce de canon, venus d'Aïn-Zebboudja à sa rencontre.

Vers dix heures du matin, le canon tonne, sur le plateau, dans la direction suivie par le convoi. Nous nous précipitons, pour voir. Les éclairs des coups de canon se succèdent, sans interruption, et la fusillade crépite furieusement. Que se passe-t-il ? des cavaliers ennemis galopent à toute allure, dans la plaine, fuyant devant les obus qui éclatent en soulevant la poussière. Le convoi est attaqué, et sérieusement !

Tout à coup, des détonations d'artillerie retentissent, plus au sud, du côté du camp. Un second combat s'est donc engagé ? De ce côté là, encore, éclatent de nombreux obus, et stride une fusillade nourrie. Puis, les coups de canon deviennent plus espacés, le combat est terminé. Au loin, vers la montagne, des groupes de cavaliers zaërs filent à vive allure. « Ce qu'ils ont dû prendre pour leur rhume ! » s'exclame un de mes loustics.

Nous avons appris, par la suite, les détails du combat : à peine la compagnie de légion (capitaine du Guiny) avait-elle rejoint la troupe de renfort, formant échelon de manœuvre, que plusieurs centaines de cavaliers, sortant soudainement des plis du terrain qui dissimulaient leurs habiles approches, attaquèrent avec furie le bataillon de flanc-garde du convoi, cependant que d'autres groupes, parvenus eux aussi, à l'abri du terrain, à proximité de la longue colonne, dirigeaient sur le convoi un feu nourri, et tentaient de le bousculer. La tactique était bonne. Qui donc a dit que les Marocains combattaient « au hasard » ? Mais tirailleurs, spahis et légionnaires tinrent bon, tant à la flanc-garde qu'au convoi ; ce fut, cependant, chaud ; le médecin-major F... (mon cousin) et ses infirmiers durent faire le coup de feu, contre certains cavaliers vraiment trop entreprenants.

Le combat dura jusqu'en vue du camp d'Ez-Zitouna. Là, nouvelle attaque. Pour atteindre le plateau sur lequel était installé le bivouac, il faut, en effet, traverser un ravin rocailleux, assez profond, où s'engage, au milieu de rochers malaisés, la piste que suivait la longue file des chameaux et mulets du convoi.

Ces roublards de Zaërs n'avaient pas manqué de relever la particularité ; et une trentaine de leurs fantassins, embusqués dans la broussaille, à un tournant du ravin, y attendaient le convoi, qu'ils criblèrent de balles, au moment où il était engagé dans le défilé.

Une compagnie du camp, accourue aussitôt à la

rescousse, tira le convoi de cette situation dangereuse ; pas un des Marocains embusqués ne sortit vivant de là. Entre temps, les canons, tirant du milieu même du camp, accablaient l'ennemi d'obus, jusqu'à l'extrême limite de la hausse, tandis qu'il s'enfuyait en désordre vers la montagne.

L'affaire avait donc été chaude. Sans la précaution que prit le colonel, d'envoyer du monde à leur rencontre, la compagnie de légion et son convoi eussent, certainement, subi un désastre.

L'acharnement des Zaërs nous donna à réfléchir. Leur réputation de bravoure n'était pas surfaite.. et il convenait de redoubler, ici, de prudence.

Dans l'après-midi, des lueurs d'incendie, et des colonnes d'épaisse fumée s'élèvent soudain sur la plaine, vers Merchouche. Ce sont nos goumiers, et nos spahis qui ont mis le feu aux moissons et aux meules de blé et d'orge de l'ennemi. Des coups de feu éclatent, au milieu de la fumée. L'expiation commence, pour nos adversaires. Je sais bien que certains n'admettent pas de pareils châtiments. Mais ce sont ici, les nécessités de la guerre, et les sentiments humanitaires n'y sont pas d'une application toujours possible. Pour réduire — au moins pour un temps — un ennemi aussi tenace, il faut le frapper dans ses biens vitaux, avec une extrême énergie. Il ne comprendrait pas que l'on agît autrement. Il faut donc brûler sans pitié ses récoltes, razzier ses troupeaux, l'affamer. Alors, mais alors seulement, il « viendra à la botte ».

Sinon, ayant de quoi manger, à l'abri dans ses montagnes difficiles, il narguera son vainqueur de la veille, et emploiera ses nombreux loisirs à des intrigues contre lui... et à des coups de main contre ses convois et ses postes.

Vers cinq heures du soir, une formidable explosion retentit soudain. C'est à la kasbah de Merchouche, que les pétards de mélinite de nos sapeurs du génie viennent d'éventrer. Une haute flamme s'élève, du milieu de cette zaouïa vénérée, berceau des innombrables intrigues tissées depuis longtemps contre nous par les marabouts de l'endroit. Ces pieux personnages ont jugé prudent de prendre le large. Ils ne manqueront pas, plus tard, d'en expliquer les subtiles raisons à leurs crédules clients, et vous verrez qu'ils s'attribueront encore le beau rôle ! En tous cas, si les mânes de leur vénérable ancêtre, enterré à côté de la Kasbah, sous une blanche koubba, ont tressailli d'indignation, au bruit nouveau du canon des « roumis », elles se sont bornées à cette manifestation platonique. Et cependant, à en croire ces excellents marabouts, l'aïeul devait sortir de son tombeau, et nous anéantir, si nous n'embrassions pas la doctrine des vrais croyants!...

« **tu parles !**» conclut un de mes Joyeux, auxquels

je traduis la prophétie, que vient de m'apprendre un vieux goumier à barbe blanche, au visage tailladé de cicatrices recueillies dans qui saura jamais quelles bagarres ?

Ce vénérable forban m'avoue qu'il croyait à cette prophétie. « Et maintenant » ? lui dis-je. Il me répond en élevant sa main droite vers le ciel, et en invoquant Allah. Puis, d'un pas noble, il va s'accroupir à l'écart, et réfléchir, en égrenant son chapelet, à l'instabilité de la puissance humaine...

Et la nuit descend, paisible, sur ce champ de bataille où le sang de tant d'hommes a coulé aujourd'hui. Vers le ciel étoilé, d'immenses flammes élèvent leur volutes pourprées... Pendant deux jours et deux nuits encore la plaine ne sera qu'un tapis de feu.

CHAPITRE VI

Combat d'Aïn-Sebbab (12 juillet 1911). — Le salut au drapeau.

Le douze juillet, arrivent au poste les blessés de la veille. Ils sont une dizaine : 8 tirailleurs, un spahi, un légionnaire, vieux routier aux cheveux gris. Les indigènes nous content en leur savoureux sabir, les péripéties du combat. Le légionnaire, en homme qui en a vu d'autres, se montre moins prolixe. De sa main libre — il a le bras cassé d'un coup de feu — il fume une vieille pipe, et se console d'avoir été mis hors de combat, en songeant qu'il a descendu trois « salopards ».

Sous les tentes de l'ambulance, voisines de la mienne, j'entends bientôt des gémissements... Le docteur fait ses pansements...

Notre position est devenue forte ; mais au prix de quel labeur ! Des abatis, formés d'arbres entiers abattus à la hache, et transportés à la corde par les chasseurs, renforcent les profonds fossés. Les Zaërs peuvent venir, désormais ! ils ont laissé passer une belle occasion !

Aujourd'hui, la colonne, quittant Ez-Zitouna, est venue camper à Aïn-Sebbab, important point d'eau situé au débouché Est du Korifla. Elle est à peine à quatre kilomètres à vol d'oiseau de nous. A la lunette, on distingue les hommes et les chevaux, au bivouac.

Vers trois heures, une agitation anormale se produit dans le camp et, tout à coup, plusieurs détonations éclatent. Le bivouac est attaqué.

De notre hauteur, nous assistons à un émouvant spectacle. Dans la plaine, apparaissent, sur trois côtés, sous les décharges incessantes des fusils et des canons, des quantités de cavaliers, disposés par petits groupes, ou à de larges intervalles. Sous les obus, sous les décharges incessantes des fusils et des mitrailleuses, dont les salves nourries déchirent l'air, ces intrépides cavaliers chargent sur le camp, où des tranchées, hâtivement creusées dès l'installation du bivouac (principe formel, dont cet incident suffirait à démontrer l'excellence), abritent nos tireurs.

On les voit tourbillonner, s'éloigner à toute allure, et revenir, sous l'ouragan des balles, pour décharger leurs Winchester ; nos quatre pièces tirent sans arrêt. Tirailleurs, légionnaires et « Joyeux » font un feu terrible ; les deux mitrailleuses crépitent « ta... ta... ta... ta... » Et, revenant sans cesse à l'attaque, ces braves Zaërs, dont nous voyons cependant des rangs entiers tomber sous les rafales, ne se découragent pas !

Nous sommes empoignés, par ce saisissant spectacle. Tout à coup, au moment même où le combat redoublait d'intensité, où canons et fusils grondaient et claquaient avec le plus de fureur, la sonnerie « au drapeau » retentit. C'est l'heure — je n'y songeais plus — où les clairons de la compagnie saluent la rentrée du petit drapeau qui flotte au-dessus de ma tente. Jamais plus solennel hommage fut-il rendu à nos chères couleurs ? Et quel symbole ! Là-bas, sous nos yeux, de vaillants soldats de France se faisaient, au même instant, trouer la peau. Comme pour saluer aussi leur drapeau, canonniers et fantassins, en cette minute émouvante où l'ennemi pliait enfin, renonçant à la lutte, redoublaient leur intrépide effort ! Qui oublierait de pareilles minutes ?

Au coucher du soleil, le combat prenait fin ; une compagnie d'infanterie, un peloton de spahis, et deux pièces de canon, sortis du camp, décidaient de la retraite de l'ennemi, poursuivi à coups d'obus, qui éclataient avec une merveilleuse précision au-dessus des derniers cavaliers, galopant en fuite éperdue dans la plaine.

Pendant la nuit, quelques ennemis viennent tâcher d'enlever les cadavres de plusieurs des leurs, restés en avant des tranchées. Les sentinelles les signalent par des coups de feu, et un coup de canon à mitraille les éloigne.

Nos ennemis, chez lesquels est accréditée la croyance que les Français coupent la tête des morts (ils nous attribuent leurs habitudes ; s'ils se contentaient de décapiter les cadavres !) se font hacher, plutôt que d'abandonner leurs morts sur le champ de bataille. Les corps de « meskines » et autres pouilleux restent seuls en place, quelquefois. Dans l'attaque d'aujourd'hui, les cavaliers portaient en croupe, chacun, deux ou trois fantassins, nus ou vêtus plus que sommairement, de « gandouras » crasseuses, et portant, les uns un fusil et une gibecière garnie de cartouches, les autres un poignard ou un bâton massif, avec lesquels ils se proposaient, évidemment, d'achever nos blessés.

Sans presque ralentir l'allure du cheval, ces alertes bédouins sautent à terre, s'aplatissent au milieu des palmiers-nains ou des artichauts sauvages, presque arborescents, qui recouvrent la steppe, et, invisibles, s'approchent en rampant jusqu'à bonne portée de leurs carabines Winchester ou de leurs fusils Gras. De là, ils ouvrent un feu précis et nourri. J'ai une arme (carabine Winchester) prise à l'un d'eux. Elle était admirablement entretenue, bien graissée. D'ailleurs, tout possesseur d'un fusil le renferme dans un fourreau de cuir ou d'étoffe.

Félicitons-nous de ce que les Marocains ignorent l'emploi de la hausse. Par bonheur aussi, ils emploient des cartouches à poudre noire, concuremment à celles chargées à poudre sans fumée. Sans cette circonstance, ils seraient généralement invisibles, car leur habileté d'utilisation du terrain est vraiment étonnante.

Aujourd'hui, ce sont leurs fantassins qui, parvenus en se tapissant jusqu'à 2 à 300 mètres des tranchées, nous ont causé des pertes. Une dizaine d'hommes et un officier (capitaine Morat, de la Légion) ont été mis hors de combat. De nombreux chevaux et mulets, dont la masse compacte émergeait au-dessus des tranchées, ont été tués ou blessés. Il paraît que les balles pleuvaient littéralement dans le camp.

Les « Joyeux » ont été, de l'avis de tous, pleins de sang-froid.

Le lieutenant Mascarat l'a échappé belle. Il écrivait, sous sa tente, lorsque les premiers coups de feu ont éclaté. A peine en était-il sorti, qu'une balle traversait la toile, à hauteur de son dos, à l'endroit même où il se tenait assis... Son heure n'était pas encore venue !...

L'ennemi a payé durement sa témérité. Nous avons appris, en effet, par la suite, qu'il a perdu 99 morts et plus de 200 blessés... La leçon profitera-t-elle ? Pourtant, celle d'hier eût déjà dû leur donner à songer.

Le treize juillet, une reconnaissance, commandée par le colonel, a rayonné pendant trois jours au Nord et àl'Est d'Aïn-Sebbab ; elle a recueilli de nombreuses soumissions. Des douars entiers ont perdu leurs chefs de tentes, dans les actions du onze et du douze ; les Zaërs paraissent démoralisés.

CHAPITRE VII

Nous rejoignons la colonne. — La « mère Jeanne ». — La « compagnie-chameaux ».

Le vingt juillet, de grand matin, toute la garnison du poste évacue Argoub-Soltane, ralliant la colonne à Aïn-Sebbab. Avec l'aide des attelages de renfort et des mulets de bât envoyés du camp, nous franchissons sans trop d'encombre le difficile passage, par une chaleur accablante.

Jamais la colonne n'eût débouché de ce ravin, sans subir d'énormes pertes, si une poignée d'hommes résolus s'était décidée à défendre ce périlleux défilé. Les Zaërs ont préféré venir attaquer en plaine. Félicitons-nous en ! Les prévisions de tous ne se sont pas réalisées. L'ennemi, dont nous n'avons vu que des coureurs, passant prudemment loin de nos fusils, ne nous a pas inquiétés. Notre rôle a donc été sans gloire, sinon sans utilité. Il a fallu, en effet, assurer pendant ces dix jours le service des nombreux courriers circulant de l'arrière vers la colonne, et *vice-versa*, ravitailler les troupes en orge et en bois achetés dans la région, escorter les incessants convois acheminés de Camp-Boulhaut sur l'avant, où ils apportaient vivres et munitions. N'oublions pas de mentionner l'aménagement de la piste traversant le Korifla, auquel nous avons dû participer. Voilà, vraiment, des journées bien occupées ! Les chasseurs ont fourni là un rude effort, qu'aggravait encore la nécessité impérieuse d'assurer, nuit et jour, la garde vigilante du poste, et de le mettre en état de défense par des travaux de terrassement exténuants.

Bah ! les fatigues sont déjà oubliées, puisque nous rallions les camarades. C'est bien à notre tour, maintenant, de marcher. Et il serait bien surprenant que les Zaërs ne fassent plus parler la poudre ! Mais cette fois, la première compagnie sera de la fête. Elle l'a bien gagné !

Les indigènes voisins du poste nous font mille compliments. Notre séjour ici les a garantis pendant quelque temps des mauvais coups de leurs remuants voisins. Mais gare aux représailles ! Loin de diminuer, l'effectif de la garnison du poste, se trouve accru, à notre départ, d'une unité... d'une femme française, qui rallie avec nous Aïn-Sebbab. Elle est arrivée un beau matin, à Argoub-Soltane, venant de l'arrière, juchée sur un bourriquot, et escortée d'un Marocain qui conduisait un chameau chargé de victuailles et de caisses de... sirops, assurait-elle (il devait bien y avoir aussi de l'absinthe ?)

La brave « mère Jeanne » promenait à travers le bled surpris les élégances défraîchies d'un chapeau orné d'une plume et de bottines jaunes à boutons, passablement fatiguées. Elle allait à « l'avant », écouler sa marchandise, et, en vaillante qu'elle était (dix ans de café-concert l'avaient, m'assura-t-elle, profondément blasée sur l'humanité) risquait tout simplement sa vie, en se confiant ainsi, dans la traversée d'un pays aussi peu sûr, à un Marocain inconnu. Je dus lui interdire de dépasser mon poste. Elle s'installa dans le camp, sous une vieille tente criblée de trous qui formait tout son bagage, et attendit là, dans l'espoir de meilleurs jours, le moment où elle pourrait continuer sa route.

Nos blessés furent soignés par elle, avec un dévouement affectueux. « Mère Jeanne », qu'êtes-vous devenue, depuis ? Vous étiez une brave Française ; quelle cantinière vous eûssiez faite, dans nos vieilles armées ! Un soir, des coureurs de l'ennemi apparurent, non loin du poste, à la nuit qui tombait. J'envisageai la possibilité d'une attaque prochaine, et rappelai à chacun ses emplacements de combat. « Et moi, dites-vous alors ; n'aurai-je pas aussi un fusil ? » Je vous promis de vous en donner un en cas d'alerte. Et je suis bien certain, que, moderne Jeanne Hachette, la vaillante femme de France que vous étiez eût donné là un bel exemple !...

Avec nous, marche un long convoi de chameaux, qu'escorte une compagnie du 3ᵉ tirailleurs algériens, commandée par mon vieux camarade A... Depuis le début des opérations de la colonne, ces infatigables marcheurs que sont les turcos assument la tâche pénible et fastidieuse d'escorter les convois formés à Camp-Boulhaut pour la colonne, et de les ramener. Sac au dos, par cette chaleur pénible, les tirailleurs bronzés ont accompli, sans un murmure, cette besogne peu enviée. Philosophe, mon bon compagnon, fumant placidement sa pipe pendant les longues étapes si souvent identiques, accepte le sobriquet amical de « compagnie-chameaux » décerné à sa troupe par la malice des camarades. Rien ne saurait troubler sa sérénité souriante. Et cependant, quel métier que le sien ! Pendant toute une longue étape, il faut harceler les « sokhars » et « bach-amars » (chameliers et leurs surveillants indigènes) dont le fatalisme nonchalant ne s'émeut guère des bourrades et des invectives, surveiller et régler l'allure, vérifier les chargements, être attentif à la sécurité de cette interminable file d'animaux, facilement pris de panique. Arrivés au bivouac, ce sont les opérations du déchargement des chameaux, le rangement des charges, l'envoi au pâturage... Le lendemain, à la pointe du jour, il faut recommencer à charger les chameaux, dans le brouhaha des injures qu'échangent les chameliers, et des cris rauques et plaintifs des animaux indociles, refusant de s'agenouiller, et s'en allant, affolés, en balançant leur long cou pelé...

Métier ingrat, vous dis-je, auquel peut seulement se comparer celui des modestes autant qu'admirables officiers et soldats du train.

5.

CHAPITRE VIII

Quelques épisodes de notre vie à Argoub-Soltane. — La revue du 14 Juillet. — Cavaliers marocains. — Le caïd Larbi. — Le vieux courrier. — La 1re compagnie du 3e bataillon d'Afrique. — Le « Joyeux » est un bon compagnon de guerre.

Le 14 juillet, de grand matin, revue de la garnison du poste, réduction en miniature des effectifs divers débarqués au Maroc. (Il n'y manquait même pas un convoyeur kabyle). Spahis et goumiers ne négligèrent pas l'occasion de faire caracoler leurs nerveuses montures, et de « faire fantasia » aux yeux des quelques pouilleux des environs, sortis de leurs gourbis pour admirer ce spectacle inédit.

Au son des quatre clairons, la garnison défila devant les blessés du onze juillet, qui avaient été évacués sur le poste. Ces braves gens, dont aucun, par bonheur, n'avait été gravement atteint, avaient été disposés sur des brancards, devant les tentes de l'ambulance. Et c'est avec un très affectueux respect que les sabres s'abaissèrent devant eux. Assis sur leurs brancards, ils rendaient le salut... quelques-uns avec la main gauche, et un bon sourire animait le visage bronzé de ces admirables tirailleurs, tout heureux de se voir à l'honneur. Notre courrier, médusé par tout cet appareil guerrier, avait pris place au milieu des blessés. Ce brave Marocain passait d'étonnement en étonnement. Bien traité, à l'ambulance, où ses amis de douars venaient, en défilé ininterrompu, causer longuement avec lui, il ne cessait de vanter aux tirailleurs la générosité de la France. Et, souriant aussi dans sa barbe noire, le bras en écharpe, il imitait gauchement ses compagnons de souffrance, en saluant de sa main libre.

Le soir, quelques bouteilles de champagne. achetées à la « mère Jeanne » et du tabac furent distribués à nos blessés. Notre ami le courrier. auquel — soit dit en passant — les principes du Coran semblaient être totalement étrangers, n'abandonna pas sa part. Et, se cachant des goumiers, il faisait claquer sa langue avec une satisfaction comique, en clignant ses malicieux yeux gris.

Ce rustre faisait ainsi connaissance avec l'alcool. Il retardait sur ses coreligionnaires de Casablanca, grands amateurs d'aguardiente sévillane et d'absinthe frelatée, et ne se faisant pas faute, sous les regards indignés de leurs coreligionnaires plus fortunés (ceux-là boivent à domicile) de déguster ces infâmes produits dans les bars et tavernes de la ville. Comme par hasard — n'est-il pas démontré que la civilisation débute toujours par inculquer aux vaincus les vices du conquérant ? Pernod et ses émules pénètrent le bled avec nos avant-gardes — il ne manquait que cela aux Marocains !

Le caïd Larbi, de la tribu ralliée des Selamna, ennemie de longue date des Zaërs, dont son territoire est séparé par l'oued Korifla, assistait aussi à la revue, avec une cinquantaine de ses cavaliers.

Ce vieux chef, à la face expressive de pirate, jouit, dans la région, d'une réputation de brave et infatigable cavalier. Il montait un beau cheval gris, richement harnaché ; ses gens, généralement bien montés aussi, étaient tous armés de carabines Winchester ou de fusils Gras. Belles têtes de gens de poudre, ravis de marcher avec nous contre l'adversaire ancestral, et dont le rude dévouement ne s'est jamais démenti, pendant toute cette colonne. (Depuis, j'ignore. Comme il ne faut s'étonner de rien, en ce pays de surprises, j'apprendrais sans stupeur son départ ultérieur en dissidence).

Pendant tout notre séjour à Argoub-Soltane, le caïd et ses goumiers flanquèrent au loin les convois, dans la forêt. Ce chef avait, on le sentait, une grande autorité sur ses gens, et j'ai pu, moi-même m'assurer que sa renommée de courage n'était pas surfaite.

Un certain soir, en effet, les hommes du poste, allant abreuver les chevaux et mulets, à une mare située à 1.200 mètres environ du camp, furent inquiétés par la présence insolite d'un groupe de cavaliers, stationnant sous un arbre, à 800 mètres environ d'eux, et dont les intentions paraissaient hostiles ; prudents, les hommes n'avaient cependant pas ouvert le feu, se bornant à redoubler de vigilance.

Au moment où l'incident me fut signalé, le groupe suspect disparaissait au loin, vers la forêt.

Le lendemain, au point du jour, un attroupement d'une quinzaine de cavaliers apparaissait sous le même arbre ; plus en avant, des coureurs dispersés à larges intervalles, paraissaient patrouiller. Vite, je fis ouvrir le feu sur eux, par quelques hommes ; aussitôt, tous ces cavaliers de se disperser à une allure endiablée, tandis qu'une nuée de balles soulevaient la poussière en avant et en arrière des chevaux.

Soudain, un cavalier apparut, à environ 500 mètres surgissant d'un mouvement du terrain. Son cheval était au pas ; il agitait un pan de son burnous, tandis que quelques balles sifflaient encore autour de lui. Le feu cessa. Il s'approcha, sans presser l'allure. Stupéfait, je reconnus alors notre ami, le caïd Larbi. Calme et souriant, comme si sa vie ne venait pas de courir un tel danger, il m'expliqua que, désireux de couvrir notre groupe pendant l'abreuvoir, il avait pris position, avec ses gens, sous l'arbre, d'où l'on pouvait voir au loin. Simple méprise, reconnaissait-il. Louange au Dieu unique, qui n'avait pas voulu que lui-même ou quelqu'un des siens fûssent atteints par nos balles. Si la chose était arrivée, conclut-il en un large sourire, c'est que Dieu l'eût ordonné, et cela n'eût pas altéré son amitié pour moi ! Là-dessus, nous bûmes le thé de la bonne entente, et je lui fis promettre de s'abstenir, désormais, de prendre, sans m'en informer, de telles initiatives. La leçon était bonne. Elle mettait deux choses en relief : d'abord, la nécessité, déjà connue, de pourvoir nos auxiliaires d'insignes facilement reconnaissables à distance ; ensuite, la quasi-invulnérabilité de cavaliers isolés, allant à vive allure.

Comme j'ai eu l'occasion de le constater depuis, les Marocains, instruits par la dure expérience, se gardent bien d'employer des formations denses, sous le feu de nos canons ou de nos fusils.

La froide intrépidité de chefs aux burnous éclatants (il n'y a guère de combats où ne se signale ainsi un caïd « rouge » ou « vert »), se promenant impassible, sous le feu nourri des meilleurs tireurs, à 600-700 mètres de nos lignes, s'explique donc en partie du moins, par l'inefficacité reconnue du fusil sur de semblables objectifs mobiles. Et l'habileté du tireur doit se doubler d'une chance indiscutable, pour atteindre ces cibles tentantes. La fréquentation du caïd Larbi — j'aimais à causer avec ce chef aux allures rudes et franches — me convainquit, s'il en avait été besoin, de l'utilité pour nos cadres, de posséder au moins quelques éléments de la langue arabe.

Réduits à utiliser les services d'interprètes de fortune, généralement peu qualifiés pour ce rôle, et ne parlant qu'un « sabir » pittoresque mais imprécis, les chefs se trouvent souvent embarrassés, et d'interminables palabres s'engagent, sans que la pensée réciproque soit clairement traduite. Au contraire, la connaissance de la langue indigène donne et prestige et autorité à celui qui peut l'utiliser : Il faut donc encourager sa divulgation, et tenir compte, à ceux qui la pratiquent, de l'effort réel que nécessite l'étude de ce dialecte difficile, au vocabulaire si fourni, aux intonations si ardues. Quoi que certains puissent en dire, le Marocain comprend facilement ses coreligionnaires d'Algérie et de Tunisie. A noter, toutefois, que sa prononciation est très gutturale, et que son vocabulaire comprend de nombreux idiotismes, qu'il est d'ailleurs aisé de s'assimiler.

De nombreux mots berbères émaillent son langage. A mesure qu'on s'éloigne de la côte pour se rapprocher des massifs montagneux, la prédominance du dialecte berbère s'affirme, et nombreuses sont les tribus où cet idiome très malaisé est seul employé. — *Son étude s'impose donc impérieusement.*

Après la mise hors de combat du courrier à cheval, le service de la poste rapide fut assuré entre la colonne et mon camp, par un « rekkas » à pied, rétribué à raison de trois francs par voyage. Cet infatigable marcheur était un homme âgé, à la physionomie rusée, et dont le courage instinctif ne s'alarmait pas du danger constant qu'il courait, pour un salaire aussi modeste. Je l'ai toujours soupçonné d'être un peu « marabout », d'où une certaine invulnérabilité.

Les « rekkas » marchent à une allure endiablée. J'en ai connu qui franchissaient, à pied, jusqu'à soixante-dix kilomètres, en une journée, à travers un pays accidenté.

Leur équipement ne les gênait guère. Il se composait d'une chemise serrée à la taille. Et, leurs mains saisissant les extrémités d'un bâton passé en travers des épaules, ces merveilleux marcheurs, insensibles à la chaleur comme à la fatigue, parcouraient à leur allure égale (qu'ils dénomment le trot du chien), plateaux pierreux, ravins, fourrés et broussaille épineuse. Jamais aucun d'eux ne manqua à sa mission.

Et maintenant que notre séjour à Argoub-Soltane a pris fin, un mot sur mes compagnons.

Le lieutenant D... officier plein d'allant, cachait derrière son lorgnon, un œil pétillant de vive intelligence. Calme, réservé, mais cependant doué d'un cœur d'or, ce fin lettré, homme de devoir, avait un caractère sympathique et loyal. Il a quitté les rangs de l'armée active. Qu'il trouve ici le témoignage affectueux de mon amitié.

L'autre chef de peloton, lieutenant F..., réalise, à mon sens, le type de l'officier. Ce grand et svelte garçon, aux longues moustaches de Brenn, est fanatique d'un métier auquel trois de ses frères, tous officiers, se sont également consacrés. Homme de décision, plein de sang-froid, il avait, sur ses « Joyeux » l'ascendant que donnent le courage et l'exemple constant du devoir.

Le troisième lieutenant (Mascarat) était alors détaché à l'état-major du bataillon, comme officier de détails. Ses goûts d'activité s'accommodaient mal de ce métier ingrat autant que fastidieux, et cet infatigable chasseur se résignait difficilement à la « paperasse » obligatoire.

Je remplis un pieux devoir en rendant hommage ici à ce brave, tombé à mes côtés le deux mai 1912, et mort, vingt jours après, de sa terrible blessure. Ce grand et robuste garçon était un merveilleux officier de troupe, adoré de ses hommes, qui appréciaient sa rude franchise et sa joviale bonté. Le gai compagnon, qui partagea fraternellement ma tente pendant plusieurs mois, est tombé au premier rang, au cœur d'une lutte ardente et sans merci. Honneur à lui ! Avec de pareils officiers, la tâche du chef est facile. A leur exemple, sous-officiers et caporaux témoignaient, tous, des plus belles qualités. En station comme en colonne, leur simple et sûr dévouement motivait l'affectueuse confiance de leurs chefs. Au feu, ces braves gens entraînaient crânement leurs chasseurs.

Des cinq sergents, l'un (Franceschi) trouva, le 2 mai 1912, une mort glorieuse, à la tête de sa section lancée à la baïonnette. Un autre (Oumier), grièvement blessé au cours du même combat, dût être amputé (il a été médaillé). Un des caporaux, le brave Basset, fut frappé à mort à ses côtés. Son camarade, le caporal Edouard, reçut, au cours du même combat, une blessure grave. Ainsi encadrés, les chasseurs n'avaient qu'à avoir les yeux sur leurs chefs, et à les suivre.

En France, où on les confond souvent avec les disciplinaires, ou avec les pensionnaires des ateliers de travaux publics et des pénitenciers, on ne connaît guère mes anciens compagnons que par l'écho de leurs trop fréquents méfaits. Il faut reconnaître que l'opinion publique ne leur est pas favorable.

Ce sont, certes, de bien piètres garnisaires. La vie uniforme et chronométrée des casernes ne leur vaut rien. A ces violents, il faut le grand air, le changement, l'action. Leurs antécédents les préparèrent mal à la vie ordonnée ; elle leur pèse. Le « cafard » (mot si éloquent dans sa pittoresque imprécision) les travaille souvent ; dès lors, absences illégales, désertions, refus d'obéissance, voies de fait, et autres manifestations de leur impulsivité inquiète traduisent ce complexe état d'âme, qui défie l'observation la plus subtile, et motiva souvent les élucubrations de pseudo-psychologues qui voient des fous partout.

La vérité est, à mon sens, différente. Par essence même, le « Joyeux » est un insoumis. Dans sa famille (quand il en a eu une) il a bravé l'autorité paternelle. Plus tard, il a défié les lois. Il est l'ennemi de toute contrainte ; son mépris de la règle commune ne s'atténua pas en prison. Et c'est rebelle déjà à la discipline qu'il arrive au corps. Ici, son obéissance et sa résignation ne sont qu'apparentes ; sous-officiers et caporaux, vivant au contact immédiat et constant des hommes sournois autant qu'attentifs à la moindre défaillance, voient leur patience et leur tact soumis à rude épreuve ;

le commandement d'une pareille troupe ne cause que des ennuis.

Au surplus, les arrivées successives et continues d'éléments vicieux et irréductibles, provenant des prisons civiles ou des ateliers de travaux publics, constituent un obstacle latent à l'amélioration de la masse ; et d'adroits meneurs, dont l'attitude déférente et la bonne tenue masquent toujours — ou presque — les intrigues, encouragent leurs camarades dans leur sourde hostilité aux règlements.

Ajoutons, pour ne rien omettre, que le penchant des « Joyeux » pour la boisson, et la dépravation de leurs instincts ne font que s'entretenir en garnison, dans les cabarets et lieux de débauche. Comprendra-t-on, dès lors, que l'état de paix ne vaille rien à ces jeunes hommes, et que leur relèvement moral soit chose impossible, n'en déplaise à certains théoriciens abusés ?

L'existence virile des camps va modifier cet état d'âme. A ces inquiets, dont l'instinct de romanichels aspirait à la liberté, au mouvement sans contrainte, la guerre offre l'occasion de donner les coups et d'en rendre ; leur humeur vagabonde va se distraire au gré des bivouacs changeants. La surveillance des gradés, dégagée des détails de la vie réglée des casernes, ne leur paraîtra plus insupportable. Une vie d'aventures et de périls, de dévouement et de fatigues fraternellement partagés par tous, rapprochera chefs et subordonnés dans un même effort généreux.

Dès lors, les rigueurs d'une exacte discipline, les exigences du métier apparaissent nécessaires à tous. L'officier n'est plus l'ennemi ; le gradé n'est plus le « tortionnaire » dont la plume de littérateurs inconscients traça, naguère, la mensongère silhouette. Une étroite solidarité unira désormais les chasseurs à leurs chefs ; et le sentiment du Devoir militaire, nettement entrevu enfin, animera, seul, des cœurs de soldats.

La guerre a fait ce miracle ; les insupportables garnisaires d'hier sont devenus de vrais troupiers dont l'existence nouvelle met en relief l'originale personnalité. Intelligents, industrieux, ne s'étonnant d'aucune situation, aussi habiles à manier piopioche, truelle ou fusil, constructeurs inventifs et adroits, ils rendent de grands services dans l'installation et l'aménagement des postes du bled. Là où rien n'existe, il créent. Seuls, les légionnaires peuvent rivaliser, sous ce rapport, avec eux.

Au feu, le « Joyeux » fait preuve d'une énergie calme, d'un entrain endiablé, d'une obéissance attentive. Bon tireur, économe de ses cartouches, il sait utiliser avec à-propos les accidents du sol. Avec cela, toujours de belle humeur. Sous les balles, au plus dur de la lutte, il a le mot drôle de Gavroche, son frère. Et il sait, tout comme les camarades, se faire trouver la peau « en beauté ». J'en atteste l'exemple des huit jeunes hommes de la 1re compagnie, frappés à mort le 2 mai 1912. L'expérience est désormais faite. Aussi bien sur les confins de l'Est marocain que dans le bled occidental, les chasseurs des 1er, 2e et 3e bataillons d'Afrique ont attesté, de nouveau, en plusieurs rencontres sanglantes, qu'ils sont de bon sang gaulois. Partout, leur crâne attitude leur valut l'estime des légionnaires, des « marsouins », des « bigors », des tirailleurs et des zouaves, tous fins connaisseurs en courage. Oui, la place des « Joyeux » est là-bas, au pays de la poudre, face au danger. Qu'on écarte de cet honneur envié les mauvais sujets et les « fortes têtes ». Pour ceux-là, la pioche et la massette. Qu'ils aillent casser des cailloux sur les chantiers de travaux publics. L'armée n'y perdra rien ! Mais qu'on enlève aux autres, ceux qui ont du « cœur au ventre », aux cabarets et aux lupanars des bourgades d'Algérie et de Tunisie. Qu'on les envoie à l'avant, se ressaisir, se retremper, reconquérir leur place sociale. Et ils sauront, ces petits chasseurs au visage imberbe, inscrire de nouveaux noms de gloire sur leur drapeau troué de Mazagran !

CHAPITRE IX

En reconnaissance. — Une alerte de nuit. — Le bivouac de Sibarra. — Création de Camp-Marchand et de Fort-Méaux. — Notre séjour à Camp-Marchand (23 juillet, 20 août 1911).

Dès notre arrivée au camp d'Aïn-Sebbab, nous sommes employés aux travaux de fortification du poste, sous la direction d'un officier du génie. Un formidable retranchement s'élève, défiant l'effort de toutes les tribus zaërs coalisées. La nuit, une section par compagnie couche dans les fossés, tout équipée, le fusil à portée de la main. Un officier est de quart, sur chaque face du bivouac. Sages précautions ! On dit souvent que les Français ne savent pas se garder. Ce n'est pas à la colonne Branlière que l'on pourrait infliger ce reproche !

Il nous tarde de partir d'ici. N'avons-nous pas l'espoir de faire parler la poudre, nous aussi ? D'ailleurs, ce séjour manque de charme. Il fait une chaleur terrible, et une affreuse puanteur monte, de cette plaine où tant de cadavres d'hommes et de chevaux pourrissent au soleil, dévorés, la nuit, par les hyènes et les chacals, qui ricanent et glapissent sinistrement dans l'ombre mystérieuse.

Le 23 juillet, la 1ʳᵉ compagnie prend part à une reconnaissance dirigée dans la montagne, au sud d'Aïn-Sebbab, par le colonel. Marche pénible, par les plateaux recouverts d'artichauts sauvages aux piquants acérés, par les ravins pierreux et les rochers.

Le premier jour, nous ne rencontrons absolument personne. De nombreux emplacements de douars, évacués depuis peu, jalonnent notre route. L'ennemi a fui devant notre approche, se réfugiant dans la montagne. Le lendemain, la colonne franchit le djebel Feidj.

Nous traversons, aujourd'hui, un pays moins désert. A notre approche, les douars arborent, devant les tentes, des étoffes blanches, tendues entre deux bâtons. Signe de soumission. Rangés à côté des douars, les notables saluent le colonel, à son passage ; les autres indigènes, femmes et enfants compris, regardent défiler la colonne, dont l'appareil guerrier les impressionne évidemment ; tous saluent militairement les officiers ; et c'est avec des regards d'admiration, et des exclamations de surprise, qu'ils assistent au passage des canons et des mitrailleuses. Puis, la colonne s'engage sur l'étroit et difficile sentier qui mène au col. Sur les flancs, galopant dans les pierres, les spahis à la veste rouge surveillent au loin. Le col franchi, comme nous arrivons au bas d'une côte, l'ordre nous parvient de prendre la formation de combat. Des cavaliers, sur le flanc de la colonne, portent à vive allure les instructions du chef. Au trot des gros chevaux, l'artillerie déboîte, gravit la pente raide et se met en batterie. Quelle joie ! « ça va barder », s'écrient les hommes.

Un long moment se passe, dans l'attente un peu anxieuse. Je gravis la côte. Dans la plaine, nos goumiers galopent, l'arme à la cuisse. Au loin, hors de portée des pièces, on distingue nettement à la jumelle un énorme douar qui replie ses tentes et les charge sur les chameaux. Plus au loin encore, des groupes de cavaliers, au galop... Que va-t-il se passer ?

L'ordre est donné de reprendre la marche. La colonne se reforme en un long serpent, et va camper non loin, aux abords d'une source bourbeuse. Un douar important est installé ici. Des troupeaux nombreux paissent dans la prairie. Tout cela ne sent pas la guerre, et ce n'est pas aujourd'hui encore que la poudre parlera !...

Dans la journée, des groupes de cavaliers se présentent au camp. Ce sont les émissaires des tribus voisines, venus présenter leur soumission, et discuter avec le grand chef les conditions de l' « aman ». De longs palabres s'engagent, entre les caïds et l'officier du service des renseignements. Avec une patience inlassable, ce dernier explique aux délégués des douars les conditions du pardon imploré. Il leur représente leur longue perfidie, énumère leurs mauvais coups incessants, leur nomme les instigateurs de désordres... ; ses rusés auditeurs protestent en vain de la pureté de leurs intentions, de leur amour de la paix, de leur respect pour nous ; leurs paroles mielleuses ne parviendront pas à abuser l'officier. Ils le comprennent ; et, invoquant la clémence du chef, discutent dès lors, âprement, le taux de l'amende de guerre qu'ils devront payer sans délai.

Assis sur les talons, leur inséparable fusil entre les jambes, ces guerriers au visage énergique ont vraiment de l'allure. Certains portent, en signe de vaillance, de grosses boucles de cheveux s'arrondissant au-dessus des oreilles. Leur regard est fier, leur démarche aisée. Ce sont bien des chefs de guerre ; dans ce pays de courage, ce titre ne confère-t-il pas prestige et autorité ?

Le palabre a pris fin. Dès lors, des taureaux et des moutons de « targuiba » sont amenés devant la tente du colonel ; d'un coup de poignard, les émissaires leur tranchent le jarret, symbole de soumission, dont ces intraitables montagnards avaient depuis longtemps perdu l'habitude ; pas un Sultan, en effet, n'a réussi, depuis des siècles, à les faire obéir. D'autres groupes s'en retournent vers les douars, en ramenant les taureaux et les moutons qu'ils avaient conduits ici ; à ceux-là, l'aman fut refusé. Et c'est la lutte prochaine, où il faudra plier, et accepter nos conditions !

Dans la nuit, soudain, un coup de feu éclate, suivi du cri « aux armes ! » Sans prononcer un mot, les hommes sortent des tentes, se portent à leurs emplacements de combat, aux tranchées creusées pendant le jour. Les baïonnettes jettent des éclairs d'acier, sous la lune. Silence anxieux. Les yeux fouillent les ténèbres. L'ennemi est-il là, est-ce l'attaque ?

Après un instant d'attente, nous rentrons nous coucher, ne laissant que quelques hommes en surveillance aux tranchées. Le jour venu, il a été impossible de savoir qui a tiré ce coup de feu. Quelque sentinelle effrayée...

L'étape du lendemain nous amène à Aïn-Sibarra », belle et abondante source. Nous traversons d'importants massifs de chênes-lièges. Le pays est montueux, coupé de ravines. Du bivouac, la vue s'étend au Nord sur la plaine de Merchouche ; à l'Ouest, sur des montagnes boisées, profondément ravinées. Sous cette chaude lumière, que ces lointains bleus ont de poésie !

Autour de nous, de hautes prairies s'étendent, où paissent de grands troupeaux de bœufs.

Un poste provisoire va être créé ici, jusqu'à ce que la farouche tribu des Ouled-Daho ait payé l'amende de guerre. Ma compagnie restera quelques jours ici. A nous les tranchées à creuser... Nous commençons à en prendre l'habitude !... Revenus à Aïn-Sebbab le 31 juillet, sans incident, nous en repartons définitivement, deux jours après, pour aller créer, et occuper le poste de Camp-Marchand, à quinze kilomètres au sud d'Aïn-Sebbah (1). En ce dernier point, un fortin va être construit, par les « Joyeux » du capitaine Wolf. Il prendra le nom de « Fort-Méaux ». L'édification de cet ouvrage donnera aux industrieux chasseurs l'occasion de montrer leurs talents de constructeurs, et de mériter les félicitations du Général en chef.

Notre nouveau séjour, Camp-Marchand, est situé sur un plateau dénudé, dont les pentes Nord et Est s'abaissent rapidement sur un oued lent et fangeux, où des fourrés de lauriers-roses et de joncs abritent des légions de grenouilles. A l'Est, un affluent de l'oued délimite le mamelon. Des crêtes élevées dominent le camp, à mille mètres environ, à l'Est et à l'Ouest. Vers le Nord, la vue est bornée à courte distance ; au sud, elle est limitée

---

(1) La plus grande partie de la colonne, disloquée ici, rétrograde sur Camp-Boulhant, où le colonel Branlière apprend sa nomination au grade de général de brigade, récompense applaudie de tous.

par un épais massif montagneux et boisé.

Paysage sévère, franchement laid. Des terres rougeâtres, cailloutseuses. Comme végétation, du palmier-nain et du jujubier épineux. Deux arbres, en tout : un palmier, dans l'oued, et un olivier sauvage, sur une crête à l'ouest. Charmante perspective, que celle de rester ici, pendant de longs mois, peut-être !

Pour commencer, nous nous retranchons de façon imposante : d'énormes parapets, s'élevant au-dessus de profonds fossés, se flanquent de bastions en pierres sèches, où nos deux canons allongent leur gueule menaçante. Des réseaux de fil de fer barbelé complètent la défense.

Quel travail accablant, que celui-là ! Sous un ciel de feu (le thermomètre marque couramment 42-43° centigrades sous les tentes), nos hommes manient pelles et pioches, donnant leur effort sans compter. Tirailleurs et chasseurs du bataillon rivalisent de dévouement ; mais, bientôt la fièvre et les embarras gastriques se mettent de la partie ; les malades sont plus nombreux chaque jour. La typhoïde nous guette. Cependant, le moral est excellent. Grelottant de fièvre, les « Joyeux » continuent à plaisanter.

Comme distractions, nous escortons jusqu'à Fort-Méaux des convois de ravitaillement, et nous faisons quelques reconnaissances aux environs du poste.

Au cours de l'une d'elles, nous approchons du fameux oued Grou, dont la vallée est le repaire de bandes de coupeurs de routes, trouvant un asile inviolable dans les affreux ravins rocailleux qui déchiquettent la région. Un endroit, nommé Guelta-el Fila, abrite, dit-on, les plus dangereux de ces malandrins, dont les indigènes ralliés ne nous parlent qu'avec effroi. Joli voisinage ! et nous ne sommes pas assez nombreux pour aller les pourchasser dans leur montagne, le jour où ils viendront nous inquiéter.

Au cours d'une de ces reconnaissances, comme nous faisions halte auprès d'une source souillée par les troupeaux, et dont nos hommes assoiffés buvaient cependant l'eau trouble, un vieux caïd, s'approchant de notre commandant, lui présenta des vêtements tout sanglants. Son fils, attiré la veille dans une embuscade, était tombé sous les coups de bandits qui lui avaient pris son cheval et son fusil. Le vieux chef demandait vengeance, et implorait notre aide, contre les assassins de son fils ; je revois encore sa maigre silhouette tragique, et le geste de menace qu'adressaient ses longs bras osseux, tendus vers la Guelta ; épisode journalier, dans ces régions, que ces tueries. Ici, la vie humaine n'a pas de valeur ; tout homme est armé;

et toute négligence met ses jours en péril. Nous sommes loin, encore, de la paix féconde de la Chaouïa !

Aucun fait saillant ne marqua notre séjour à Camp-Marchand. Le général Moinier, de retour de Fez, vint nous y visiter, le vingt août, avec une colonne. Le reste de ses troupes bivouaquait à la Guelta-el-Fila ; l'ennemi avait fui, à son approche. Des goumiers algériens, lancés en éclaireurs, eurent là un engagement avec quelques Zaërs, dont les balles tuèrent quatre de ces vaillants auxiliaires ; sept autres goumiers (1) furent blessés au cours de la même action ; les gens de la Guelta-el-Fila ne démentaient pas leur réputation !....

Le général nous faisait connaître que deux compagnies du bataillon partiraient le lendemain, vers l'Est. La première et la troisième compagnie reçurent l'ordre de se préparer au départ. Nous allions donc voir de près les Zemmours, après les Zaërs.

---

(1) Dont si Mostefa ben Chennouf, parent de Si Salah, dont il est parlé ci-après.

CHAPITRE X

La Guelta-el-Fila. — Escarmouche du 21 août. — La première compagnie reçoit le baptême du feu. — Goumiers algériens. — L'arrivée à Maâziz. — Le général Moinier passe ses troupes en revue.

Le 21 août, vers midi, par une chaleur accablante, les deux compagnies de notre bataillon d'Afrique, emmenées de Camp-Marchand par le général Moinier, descendaient les pentes raides qui bordent à l'ouest le défilé de Guelta-el-Fila ; ravin difficile, dominé de toutes parts, véritable coupe-gorge, dont les Zaërs dissidents tenaient encore les abords, dissimulés dans les rochers inaccessibles où ils étaient aux aguets.

La marche des deux unités, déjà pénible, sous ce ciel ardent, avait été ralentie par le petit convoi de quinze mulets ou chameaux qui transportaient nos bagages. Ces pauvres bêtes, efflanquées, malades, couvertes de blessures, pliaient sous le faix, se couchaient, à bout de forces, et, relevées à coups de trique recommençaient ce manège tous les cent mètres. Il fallait cependant avancer, coûte que coûte ! Le dévouement des « Joyeux », improvisés chameliers ou muletiers, fut, comme la patiente énergie du camarade F... chargé de ce convoi «hassani», mis ce jour-là à rude épreuve !

Enfin, la petite colonne, que couvraient à droite une vingtaine de goumiers algériens, arrivait en vue du bivouac des colonnes Brulard et Ditte, dont les tentes apparaissaient à 800 mètres à peine, et se disposait à franchir l'oued Grou, quand une vive fusillade éclata soudain à notre droite, à six cents mètres environ. De nombreuses balles, de petit et de gros calibre, miaulaient et ronflaient autour de la compagnie. Plusieurs vinrent même frapper le sol à côté de mon cheval blanc, qui offrait une cible tentante.

Prestement couchés en tirailleurs, face à l'attaque, les « Joyeux » ne s'étonnèrent pas. Attentifs aux indications de leurs chefs, visant avec soin, ils répondaient avec calme à l'ennemi, presque invisible à l'abri des rochers grisâtres et des arbustes poussièreux qui couvraient le terrain de l'embuscade.

Entre temps, les goumiers et spahis d'arrière-garde, qui protégeaient la marche de notre convoi, essuyaient aussi un feu nourri, de quelques Zaërs blottis à mi-pente d'un ravin broussailleux ; ils y

---

(1) « Hassani », épithète classique au Maroc ; s'applique, en langage militaire, à tous les objets ou êtres animés autochtones. Exemple : un mulet hassani...

ripostaient sans ménager leurs cartouches, tirant, suivant leur habitude, comme à la fantasia. Au bout d'un quart d'heure, l'ennemi abandonna la partie. Le coup était manqué. Le petit convoi retardataire était maintenant hors d'atteinte de nos agresseurs, qui ne se retirèrent cependant pas avant de l'avoir salué de nombreux coups de feu. Et, tout en regagnant leurs repaires montagneux, ces malandrins nous décochèrent, par bravade, quelques dernières balles, tirées hors de portée.

L'embuscade était bien tendue ; en choisissant cet emplacement, pour leur attaque soudaine, les Zaërs faisaient preuve de ce si remarquable sens du terrain, inné chez les Berbères. Nous eûssions certainement eu « de la casse », comme on dit là-bas, sans la vigilance de nos flanqueurs, les goumiers d'Algérie. Leur œil infaillible eut tôt fait de découvrir les montagnards (nulle troupe européenne n'aurait pu le faire), et leur fusillade, bien qu'inoffensive, empêcha nos rusés adversaires de s'embusquer plus près de notre flanc. Une fois de plus, nos dévoués auxiliaires témoignaient de leur valeur de premier ordre, comme éclaireurs. Si Salah ben Chennouf, mon vieil ami, marchait ce jour-là avec ses goumiers au turban rouge (signe distinctif des cavaliers amis), montant tous de nerveux petits chevaux, amenés des Hauts-Plateaux de Constantine.

D'une bravoure de paladin, ce jeune chef de grande tente (1) avait sur ses gens — tous de sa tribu ou des douars voisins des Nememchas, — l'autorité incontestée que donnent, sur les Arabes, le prestige de la naissance et le courage personnel.

Ce soir-là, au bivouac, où je le trouvai au milieu de ses courageux compagnons, que je connaissais tous, aussi, de longue date, Si Salah m'a conté, en son langage guttural émaillé de métaphores, les péripéties de la marche sur Fez, pendant laquelle son goum marchait à l'avant-garde. Il m'a dit aussi, la randonnée sur Sefrou ,les combats livrés aux Beni-M'tir, la prise de Meknès. Qui eût cru, ô mon compagnon de longues chevauchées d'autrefois, dans le bled montagneux de Khenchela, ou par le Sahara sans limites, que nous nous retrouverions un jour ici ? qu'après avoir fait le coup de feu ensemble, nous deviserions fraternellement un soir, sous les étoiles, auprès des chevaux de ton goum, hennissant à la corde ? que, comme autrefois, discret et empressé, ton fidèle Redjeb nous servirait... non plus le café, cette fois, mais le thé marocain ?

---

(1) Il est le frère de l'agha Ali-Bey, de Khenchela, commandeur de la Légion d'honneur, et du caïd Bouhafs, de Tkout, officier du même ordre ; tous deux hommes de cœur, dignes descendants d'une race noble, dévouée du premier jour à la France.

L'ennemi disparu, nous nous installâmes au camp. Pendant que nous déjeûnions sommairement, à l'ombre plutôt peu épaisse d'un jujubier épineux, deux obus passèrent soudain, en ronflant au-dessus de nos têtes. Une batterie coloniale, en surveillance sur un piton, venait d'apercevoir quelques rôdeurs, dans l'oued. L'avertissement leur suffit. Ils disparurent prestement.

La compagnie avait donc eu, à son tour, le baptême du feu ! Fort heureusement, elle n'avait subi aucune perte. Les hommes, ravis, regrettaient seulement que l'engagement eût été aussi bref. Il fallait les entendre commenter en leur langage pittoresque l'habileté à se dissimuler de nos astucieux Zaërs ! Enfin, c'était un commencement ! la belle tenue au feu de ces jeunes hommes donnait confiance. Et, comme disait mon ordonnance, « la première n'en craignait pas ! »

Le lendemain 22 août, à l'aube, la colonne leva le camp, se dirigeant vers Maâziz, sur le Bou-Regreg. En arrière-garde, les spahis du 4ᵉ régiment surveillaient le bled; des pièces d'artillerie de montagne et des mitrailleuses disposées sur les mamelons voisins de la piste, étaient prêtes à cracher la mort sur l'ennemi. Une attaque des Zaërs sur nos derrières ou sur nos flancs était, en effet, à prévoir. La veille, les tirailleurs sénégalais avaient vidé les silos voisins de nos bivouacs ; cette mesure rigoureuse avait dû exaspérer encore nos adversaires. Et puis, nous partions de la Guelta-el-Fila. Il était bien improbable que ces batailleurs abandonnent cette belle occasion de venir escarmoucher sur nos flancs et de harceler l'arrière-garde !

Cependant, ils ne s'y risquèrent pas ; pourtant le terrain où se mouvait la colonne était difficile, coupé de ravins dangereux, et un énorme convoi alourdissait la marche. Tapis dans les fourrés épineux de leurs montagnes, ces vauriens de Zaërs assistèrent avec rage à l'incendie de leurs récoltes sur pied et des meules de grains, disposées dans la vallée. Dispersés en fourrageurs, les spahis s'acquittèrent avec joie de cette besogne vengeresse. On les voyait galoper au travers des flammes qui tapissaient le fond de la vallée ; et d'épais nuages de fumée noire, chassés au loin par le vent, montèrent dans le ciel limpide, annonçant aux tribus rebelles le châtiment de leurs guets-apens des deux jours précédents.

Arrivée en vue de Maâziz, la colonne franchit à gué l'oued Bou-Regreg. Ses divers éléments massés, le général Moinier les passa en revue, et remit quelques décorations. Puis, les troupes défilèrent. Hâlés par le soleil, noirs de sueur et de poussière, fantassins, artilleurs et cavaliers passèrent à fière allure devant le Chef. Enfin, clairons, trompettes et tambours rendirent les honneurs au drapeau du 4ᵉ tirailleurs, revenu de Fez.

Qui m'eût prédit, en mai 1908, quand je saluais, à La Goulette, les couleurs de mon régiment, partant en guerre avec le colonel Moinier, que je les retrouverais ici, auréolées de gloire récente ?

Sur ces rives lointaines du Bou-Regreg, où nul européen n'était venu avant nous, face aux montagnes mystérieuses où se trouvaient, insoumis et frémissants, nos adversaires d'hier et de demain, Zaërs et Zemmours, ce salut au drapeau était empreint d'émouvante grandeur.

Une rude campagne prenait fin. Fez délivrée, les tribus guerrières des Beni-M'tir et leurs alliés berbères bousculés et soumis, Meknès pris, les Zemmours du Nord ralliés, les Zaërs châtiés enfin de leur insolence, telle était la tâche accomplie en ces quatre derniers mois, par des troupes dignes de leur chef.

Sous ce soleil éclatant, que vous étiez beaux, sous vos vêtements de guerre lacérés par les buissons de la brousse, marsouins de Gouraud, zouaves, légionnaires, tirailleurs algériens et sénégalais de Dalbiez et de Brulard, artilleurs métropolitains et coloniaux, tringlots, goumiers aux montures hennissantes, spahis rouges à l'œil perçant ! Votre énergie avait bravé la chaleur et le sirocco ; votre bravoure avait brisé tous les obstacles. Et c'est commme un fragment d'épopée, qui défilait, au son des clairons et de la nouba...

La colonne se disloquait, mais un poste était créé à Mechra-Maâziz, pour contenir les Zemmours dissidents, surveiller les Zaërs et flanquer, au Sud, la nouvelle ligne d'étapes : Rabat- Camp Monod-Tiflet-Souk-el-Arba-Meknès-Fez. Et, tandis que la majeure partie des combattants de la colonne de Fez allait prendre, dans ses quartiers d'été de la Chaouïa et du littoral un repos si vaillamment gagné, deux compagnies du bataillon de marche d'infanterie légère d'Afrique (1re et 3e), deux compagnies du 3e tirailleurs algériens, et une section montée d'artillerie coloniale restaient ici, à l'avant-poste, « aux premières loges », comme disait un « Joyeux ». Cette fois encore, la première se trouvait à l'honneur...

CHAPITRE XI

Le poste de Mechra-Maâziz. — La vie du bled. — Nos voisins. — Femmes indigènes. — Caïds. — Le toubib. — Attaques de nuit.

Mechra-Maâziz (le gué des bergers). Le site de notre nouveau poste a un nom plein de poésie. Mais les rares pasteurs rencontrés ici ne paraissent pas goûter son charme en apparence si paisible. Et loin, en effet, d'imiter l'immortel Tityre, en modulant, à l'ombre, quelque naïf refrain, sur le chalumeau champêtre, c'est d'un œil attentif qu'ils surveillent les alentours du pâturage, le fusil au poing.

Beni-Hakem et Zaërs, tous redoutables pillards, se tiennent, en effet, tout près d'ici, dans les âpres montagnes dominant, au sud et à l'Ouest, la vallée fourrée où les oueds Tanoubert et Bou-Regreg mêlent leurs eaux rapides. Vallée où se croisent de nombreuses pistes, conduisant aux pays zaïane et zaër, dont les hautes cîmes boisées se profilent nettement au loin, sur le ciel. Notre occupation aura pour objet de contenir les tribus dissidentes, réfugiées dans ces massifs difficiles, où elles ont, en attendant des jours meilleurs, mis en sûreté leurs grains et leurs nombreux troupeaux.

Sur un ancien emplacement de douars, les tentes du poste alignent leurs rangées symétriques au milieu des jujubiers épineux et de palmiers-nains. A trois cents mètres, environ, le Tanoubert coule sur des galets multicolores, au milieu de fourrés d'arbustes pleins de fraîcheur et d'ombre, mais bien dangereux aussi, et c'est armées jusqu'aux dents que les corvées d'eau se dirigent vers la rivière claire.

Le paysage est gai ; cela nous change agréablement de ce sinistre Camp-Marchand, et de ses terres fauves et pelées.

Le charme du panorama ne nous fait pas oublier que nous sommes ici face à face avec l'ennemi. Sentinelle avancée, à vingt-huit kilomètres au sud du poste de Tifflet, Maâziz est au contact, à l'ouest et au sud, avec les Zemmours dissidents d'un côté, les Zaërs de l'autre. Certes, des querelles séculaires divisent, nous dit-on, ces rudes Berbères ; deux jours à peine avant notre arrivée ici, plusieurs Zemmours y ont trouvé la mort dans une rencontre avec leurs voisins Zaërs, et leurs tombes fraîchement creusées, se groupent sous le bouquet de jujubiers sauvages qui ombrage, non loin du camp, le primitif sanctuaire d'un marabout local. Mais qui nous dit que demain, peut-être, la haine du « roumi » ne mettra pas un terme momentané à ces dissensions sanglantes, et que, réconciliés, pour un temps, nos voisins ne conspireront pas contre nous ?

Avec cela, bien qu'une vingtaine de kilomètres seulement nous séparent de Camp-Marchand, où subsiste une garnison de quatre compagnies avec du canon, toute communication est cependant impossible entre les deux postes, car les douars Zaërs sont revenus, après le départ de la colonne Moinier, occuper leurs emplacements d'été à la Guelta-el-Fila. Nous ne devons donc compter que sur nous-mêmes. Le danger commence au confluent des deux rivières, soit à un kilomètre du camp. Au Nord et à l'Est, quelques douars soumis groupent bien leurs tentes sur les mamelons et les plateaux voisins du poste, formant ainsi grand'garde. Mais il serait téméraire de se fier à ces amis si récents.

Zemmours (Beni-Hakem) au Sud, Zaërs, à l'Ouest, sont là, aux aguets. Invisibles, ils n'en surveillent pas moins tous nos mouvements. Il faut donc « ouvrir l'œil », et s'attendre à de fréquentes émotions. Mais n'est-ce pas la vraie vie ? Conscients de l'honneur qu'on leur a fait, en les mettant ainsi à l'avancée, les « Joyeux » sont enchantés. Ils ont senti la poudre, et ne rêvent que plaies et bosses. Ils sont d'ailleurs en bonne compagnie. Le demi-bataillon du 3ᵉ tirailleurs qui reste avec nous a pris part à la colonne de Fez et aux dures randonnées sur Bahlil et Meknès. Quant aux artilleurs coloniaux, vieux soldats de carrière, leur flegme, rompu aux incidents de la brousse, à Madagascar, au Tonkin, au Soudan, ne « s'épate » plus de grand chose. Eux aussi reviennent de Fez.

Pourrions-nous être en meilleure société ?

Sans perdre un instant, nous organisons la défense du poste. Une attaque imminente est, en effet, à craindre, et, presque chaque jour, les indigènes des tribus ralliées nous annoncent pour la nuit prochaine la visite des Beni-Hakem. Ces derniers sont travaillés par un certain Cheikh Aomar, personnage d'origine maraboutique. Ce saint homme a pourtant reçu tout récemment l'aman du général Moinier, à Tiflet ; mais, à peine était-il de retour à sa tente, qu'il a recommencé ses intrigues ; et, déjà, de l'agitation est signalée dans les tribus du Sud. Nos émissaires, revenant des marchés voisins, sont unanimes à rapporter ses agissements ; détail piquant : son frère, caïd d'un douar assez important, reste notre allié. Il vient fréquemment au camp. Encore un auquel il ne faudra pas accorder une confiance trop grande !... Grâce à un travail acharné, le poste est mis rapidement en situation de résister à toute agression.

Des revêtements de grosses pierres garnissent les fossés intérieurs ; des réseaux de fil de fer renforcent le front, aux endroits dangereux ; des bastions, pour les canons, sont aménagés. Cinq petits postes, disposés la nuit à l'extérieur, veillent sur les abords du camp, cependant que, sur chaque face, des sentinelles doubles, surveillées en permanence par un officier ou un sous-officier de quart, prennent leur faction dès le coucher du soleil, jusqu'au lendemain, au réveil. Enfin, chaque unité a reconnu ses emplacements d'alerte, et chacun couche sur son fusil approvisionné.

Encore une fois, ces précautions sont élémentaires. Et cependant ! le tempérament de notre soldat est tel que, dédaigneux du péril, il lui arrive, rapidement, de négliger les plus sages recommandations. Une surveillance constante s'impose, de la part des chefs de tout grade, car d'un relâchement fortuit peut résulter un désastre. Quel dur métier, que celui de nos hommes ! et quelle école d'énergie, que cette vie d'avant-postes continuels ! Après avoir travaillé, sous le soleil, pendant tout le jour, à remuer la terre, une partie notable de la garnison, la soupe à peine mangée, s'équipe, prend le fusil, et va monter la garde, couchant tout habillée sur le sol, ne dormant que d'un œil, tandis que les sentinelles scrutent les ténèbres de la nuit propice aux mauvais coups de nos redoutables voisins. D'autres, au parc des animaux, veillent aussi, car les voleurs de chevaux ont une audace stupéfiante, et pénètrent en rampant au travers des enceintes de ronces épineuses et de fil de fer barbelé le plus astucieusement enchevêtré. D'autres, enfin, gardent le parc à bestiaux, objet des fréquentes convoitises des coureurs de brousse.

Sans maugréer, chacun se soumet à ces dures exigences du service, souvent renouvelées. Notre chef, le commandant R... ne paie-t-il pas le premier d'exemple ? Il assume une lourde responsabilité ; et, la nuit, quand tous les feux du camp sont éteints, si une lumière brille sous une tente, c'est lui, qui travaille et veille. Combien de fois ne l'ai-je pas rencontré, dans le camp, alors que tout dormait ? il s'assurait de la vigilance des factionnaires, vérifiait si toutes les mesures de sécurité ordonnées étaient prises. Vieil Africain, rompu par un long séjour dans le Sud-Oranais à cette vie rude et périlleuse des postes perdus dans le bled, notre chef est un exemple vivant d'énergie, et son activité bienveillante, sans cesse en éveil, est, ici, notre sauvegarde à tous.

La chaleur est étouffante. Dans cette vallée, le sirocco souffle souvent, soulevant d'épais tourbillons de poussière rougeâtre. Comme un fait exprès, c'est au moment des repas que les rafales brûlantes s'élèvent. Il faut se résigner à manger des aliments saupoudrés de détritus... Et l'eau ! cette eau qui coule en un murmure clair, sur les cailloux polis de la rivière, qui l'eût cru ? Elle est chargée de matières organiques, se déposant en couche brune dans les récipients, où elle acquiert rapidement une odeur infecte. Il convient de ne la boire que bouillie. Mais elle est si tentante, dans sa fraîche limpidité, que plus d'un troupier, insoucieux des recommandations formelles, ne résiste pas, et boit à longs traits le perfide liquide. Et les embarras gastriques d'apparaître ; les longues fatigues supportées par cette chaleur pénible (il fait couramment 42 degrés sous la tente) facilitent l'apparition de la fièvre. Peu d'hommes échappent à ses accès sournois, malgré la quinine obligatoire. La terrible typhoïde se met aussi à sévir. Et chaque convoi emmène des malades sur les hôpitaux de l'arrière, mieux outillés que notre ambulance. Tous nos malades ne peuvent, hélas ! être évacués. Quelques-uns de nos chasseurs, trop gravement atteints, meurent ici, en dépit de la science et du dévouement de notre médecin-major. Pauvres jeunes hommes ! Vous aviez cependant rêvé d'une plus belle fin ! dormez en paix, dans le petit cimetière, à côté de vos frères d'armes tombés au feu. Vous avez, comme eux, bien mérité du Pays, car c'est en le servant de tout votre cœur que vous avez trouvé la mort !

7.

Les indigènes des douars voisins fréquentent assidûment le camp. Certains d'entre eux ont installé leurs tentes au petit souk (marché) établi à proximité du poste, et y vendent des poules, des œufs, du gibier. D'autres apportent du bois, de la paille, de l'orge, ou amènent des bœufs. Et ils ne manquent pas l'occasion de recourir aux soins du « toubib », auquel ils présentent d'horribles plaies syphilitiques, ou réclament, sans pudeur, des aphrodisiaques. C'est, tous les matins, un défilé lamentable de misères, que tente d'apaiser la main secourable du docteur. Ici, comme dans toutes nos colonies, le médecin militaire conquiert pour la France, en même temps que son camarade, l'officier de troupe. Tant de bienfaits répandus amènent forcément un peu de reconnaissance, même chez des brutes comme les clients du bon docteur H... Œuvre doublement française, n'est-ce pas, que de faire le bien, en attirant vers nous des cœurs d'où haine et défiance s'en iront peu à peu ?

A travers la broussaille, nos voisins s'acheminent vers le camp, au pas de leurs grands chevaux efflanqués, ou juchés sur la croupe de leurs infatigables bourriquots, frères de misère des ânes d'Algérie et de Tunisie, comme eux roués de coups, comme eux couverts de blessures saignantes qu'avive sans pitié le bâton du maître. (Qui donc a dit : ce qu'il est de meilleur dans l'Arabe... c'est l'âne ?)

Les femmes accompagnent leurs farouches maris, ou viennent en groupes, jacassant et riant par les sentiers, escortées d'une foule de gamins éveillés. Elles sont, toutes, d'une saleté repoussante. Et nous ne voyons guère ici que des laiderons, des matrones, ou des vieilles abominables. On m'explique que les jolies sont restées au douar, à l'abri des regards indiscrets... et des tentations. Ces filles d'Eve sont, en effet, d'une impudeur cynique, et ne s'offusquent aucunement des plaisanteries salées et des gestes précis dont les joviaux tirailleurs soulignent leurs propos galants. Plus d'une idylle s'ébauche, autour des meules de paille ou du tas de bois où les femmes viennent décharger leurs bourriquots. Les fourrés de l'oued, propices aux isolements, abritent des couples... Il paraît que le prix moyen des faveurs périlleuses de nos voisines est d'un « guirch » (petite pièce d'argent marocaine valant environ 0 fr. 20). Et dame ! pour ce prix, faisait remarquer un chasseur de la 1re escouade, on ne saurait songer à prétendre aux sourires de la belle Otero !... Les quatre ou cinq prostituées indigènes logées au marché, sous des abris de roseaux, s'enorgueillissent de leur situation quasi-officielle, et considèrent avec mépris leurs concurrentes, dont elles dénigrent amèrement la rusticité. C'est qu'elles-mêmes portent de beaux vêtements ; des bracelets d'argent tintent à leurs chevilles ; leurs ongles sont rougis au henné ; des foulards de soie, aux couleurs éclatantes, ornent leur tête... ; elles boivent l'absinthe, et savent déjà quelques mots... aussi expressifs que concis. Dès lors, que sont, à côté d'elles, ces misérables bédouines, aux vêtements haillonneux ?

Que veux-tu, Aïcha bent Larbi, fille folle, si fière du carnet de visite médicale, dont tu t'enorgueillis comme d'un brevet ? Tes tarifs sont trop élevés pour le tirailleur... Et puis, peu importe le flacon, à ce simple ! Et tes baisers ne lui paraissent peut-être pas plus savoureux que ceux de la pauvresse que tu dédaignes tant...

Autant les Marocains mettent de soin à ne pas exposer les jeunes femmes aux regards concupiscents, autant ils semblent indifférents aux aventures des autres. Le sort des femmes ne diffère en rien de celui de leurs sœurs d'Algérie ou de Tunisie. Vêtues d'étoffes de cotonnade plus ou moins déguenillées, elles s'en vont, courbées, sous le poids des fagots ou des filets de paille, tandis que leur seigneur et maître, chaudement enveloppé dans ses burnous, les suit sur sa monture, l'inséparable fusil en travers de la selle.

Les enfants, qui pullulent, sont généralement beaux, bien découplés, alertes, et intelligents. Les fils des notables portent une longue tresse de cheveux, sur le côté de la tête. Peu farouches, tous ces gamins ont vite appris la valeur des sous français, et leur salut militaire, esquissé avec une amusante gaucherie, accompagne toujours une demande de quelque monnaie.

Tous ces indigènes, dont les occupations principales sont l'élevage de beaux troupeaux, la rapine et la guerre, de douar à douar ou de tribu à tribu obéissent — plus ou moins — à des caïds, investis autrefois dans leurs fonctions par Moulay-Abd-el-Aziz ou quelqu'un de ses prédécesseurs ; ce qui ne veut pas dire que ces fonctionnaires bizarres aient jamais versé un seul centime d'impôt dans les caisses toujours béantes du Maghzen ! si quelques « douros », arrachés par la menace à quelques-uns de leurs peu commodes « administrés », ont été en leur possession, ils auront eu d'autres soucis que de songer à en opérer la remise aux représentants du sultan, à Rabat ! D'ailleurs, ces tribus n'ont jamais reconnu de maître, et les sultans n'ont jamais eu la force de les réduire. Ici, le seul maître est le fusil, la seule voix écoutée est celle de la poudre !

Ces caïds n'ont aucune autorité ; nous sommes loin, de ces chefs indigènes d'Algérie, énergiques conducteurs d'hommes, au conseil écouté, aux paroles respectées... D'ailleurs, les caïds que nous voyons ici sont aussi « pouilleux » que leurs coreligionnaires. Un seul paraît avoir quelque prestige. Grand, bel homme, l'air énergique, il a conscience de son importance, et se rend compte des avantages qu'il trouvera, plus tard, à s'être montré notre ami. Comme je lui demandais, un jour, de qui il tenait son investiture, quel sultan l'avait nommé caïd ? « Je me suis fait moi-même », me répondit-il fièrement, en tapant sur la crosse de sa carabine...

Toutes ces tribus, je l'ai dit, sont sans cesse en guerre les unes contre les autres. Des haines séculires divisent leurs divers groupements ; de temps à autre, un douar part en campagne, à l'improviste, tombe sur un groupe de tentes ennemies ; les douars alliés accourent à la rescousse. Victorieux, l'assaillant emmène les bestiaux et les femmes de l'adversaire ; repoussé, il s'enfuit vers la montagne, où il a mis en sûreté ses troupeaux et ses biens. Et c'est, tous les jours, une lutte implacable entre ces tribus. C'est l'état de guerre permanent. Nous sommes, ici, en plein moyen-âge. Parfois, une trève se conclut, le « mezrag », pour permettre aux belligérants d'ensemencer ou de faire les moissons. Cet armistice est jalousement observé, sous peine de représailles terribles. Dès qu'il expire, la lutte reprend... On s'explique, dès lors, pourquoi les bergers sont tous armés, pourquoi nul ne s'aventure hors de sa tente sans son fusil, pourquoi tant d'indigènes, souvent à peine adultes, portent d'affreuses cicatrices ou ont un membre de moins ! Ajoutons que les coupeurs de routes, voleurs de chevaux ou de bestiaux, et brigands de tout genre sont constamment en campagne.

Notre installation ici a donc été accueillie avec joie par les tribus ralliées. Ennemies, de temps immémorial, des Beni-Hakem et des Zaërs, elles vont, grâce à notre présence, pouvoir moissonner leurs récoltes, et leurs silos ne seront pas vidés à tout instant par leurs redoutables voisins. Caïds et chefs de tentes se répandent en bénédictions. A les entendre, nous n'aurons jamais de plus sûrs amis... Accueillons avec calme ces manifestations empressées... et méfions nous ! Ici, l'impossible même est possible. Et demain, peut-être, ces excellents amis feront cause commune avec leurs adversaires d'hier ! Ne sommes nous pas des « roumis » ?

Le douze septembre, un émissaire avertit le commandant que les Beni-Hakem projettent une attaque du poste, au cours de la nuit prochaine. Les gardes extérieures sont renforcées. Vers minuit, une fusillade violente éclate, subitement. Du petit poste n° 5, tenu par une escouade de la première compagnie, partent de nombreux coups de feu, répondant aux décharges de l'ennemi, dont les balles sifflent au dessus du camp. Tout le monde se porte aux tranchées, dans un ordre absolu, sans un mot. La fusillade diminue, puis cesse ,et tout rentre dans le calme. L'attaque a échoué, grâce au sang-froid du caporal commandant le petit poste. Ses sentinelles ayant aperçu l'ennemi, il a, le premier, ouvert le feu, sans se presser.

Ce n'est qu'une alerte. Personne n'est atteint, de notre côté. Le lendemain, au milieu de la nuit, même séance. Les rôdeurs en veulent encore au même petit poste ! Cette fois, ils trouvent aussi à qui parler ! Dans le silence émouvant de la nuit, une décharge des fusils 86 claque, soudain. Aussitôt, de nombreux coups de feu de l'ennemi y répondent. Un cri lugubre s'élève, déchirant. C'est un des agresseurs, qui a reçu du plomb... L'ennemi s'éloigne, non sans saluer d'une grêle de balles nos tentes, dont la masse blanche apparaît au dessus des tranchées. Le lendemain, des traces de sang marquent le passage des agresseurs. Dans leur fuite, ils ont abandonné plusieurs cartouches de Remington et de Winchester.

Cela nous promet de jolies nuits !! Mais quelle bonne école de sang-froid ! La troupe est pleine de calme. Et personne n'est long, à prendre les emplacements de combat. Tout cela, sans un mot ; on n'entend que le mouvement des culasses de fusil... Les Beni-Hakem peuvent venir ! s'ils ont espéré surprendre nos postes, ils se sont bien trompés !

Le vingt-trois septembre, des renseignements

concordants, parvenus ici de diverses sources, nous annoncent une attaque en masse, pour une des nuits prochaines. Une compagnie de tirailleurs sénégalais, venue de Tiflet, nous renforce. Nos effectifs diminuent chaque jour, en effet... la fièvre !...

Ces braves noirs prennent le service. La garde de police, qu'ils fournissent, rend les honneurs au drapeau du poste. Avec quelle correction attentive ils lui présentent les armes ! J'interroge l'un d'eux, véritable athlète. « Qu'est-ce que le drapeau ? » Et lui de me répondre, avec un bon sourire « drapeau, la France ! » Oui, brave tirailleur, tu avais raison. Dans ton âme simple, ces deux idées s'associaient, comme dans celle de tout soldat blanc. Le drapeau et la France n'ont pas de meilleurs serviteurs que tes frères. Et le Pays doit une admiration passionnée à ces braves gens, qui aiment d'un cœur si loyal leur Patrie d'adoption. Sénégalais au noir visage, tirailleurs d'Algérie ou de Tunisie aux jambes nerveuses, rouges spahis aux chevaux agiles, vous êtes, tous, de vaillants frères d'armes, de braves gens, au cœur aussi généreusement dévoué que simple ; la France, qui vous doit une part de sa gloire, vous chérit comme ses propres fils ; et vous avez conquis, depuis longtemps, l'affectueuse admiration de tous ceux qui ont l'honneur de vous voir à l'œuvre, de marcher et de combattre à vos côtés !

CHAPITRE XII

La ligne téléphonique. — Les convois. — La construction du poste. — Spahis, tirailleurs et chasseurs d'Afrique.

Dès les premiers jours de notre installation ici, une compagnie de tirailleurs algériens, venue de Tiflet, a escorté les sapeurs du génie qui ont posé une ligne téléphonique de campagne, reliant ce dernier poste à Maâziz. A Tiflet, passe la ligne télégraphique de Rabat à Fez. Un poste de télégraphie sans fil y est installé aussi. La relation ainsi établie entre notre camp et la ligne d'étapes nous mettra donc en communication avec le reste du monde ; nous serons ainsi moins isolés... En cas de danger, nous pourrons avertir...

Ah oui ! encore une illusion qui ne dure pas longtemps ! Au bout de quatre ou cinq jours de communications aisées avec Tiflet, tout à coup, personne ne répond à nos appels réitérés. « Allô, allô !!... » cause toujours !

Nos aimables voisins, les Marocains, n'ont pas été longs à deviner l'importance, pour nous, de cette communication téléphonique. D'un coup de couteau, appliqué en plusieurs points de la ligne, ils ont interrompu nos conversations. Nous réparons le dégât... ils recommencent. Et, dès lors, ce sera, tous les jours, et souvent, plusieurs fois dans la même journée, la répétition de ces brigandages. Avec une patience inlassable, Tiflet et Maâziz envoient chacun une équipe de cavaliers, qui réparent la ligne endommagée. A peine est on rentré, que la communication cesse brusquement. Ces chenapans de Bédouins, tapis dans quelque ravin voisin, ou aplatis dans la broussaille, nous ont regardé travailler ; à peine avons nous tourné le dos, qu'ils s'acharnent à détériorer la précieuse ligne. Et maintenant, ils ont perfectionné la méthode ; ne se contentant plus de couper simplement le fil, ils en enlèvent des centaines de mètres, arrachent les poteaux de bambous, et les déchiquettent en lamelles, à coups de couteau.

Ah ! si nos artilleurs coloniaux ou nos goumiers, qu'énerve ce service fastidieux, pouvaient « pincer » quelques-uns de ces mécréants ! nous ferions un exemple durable ! mais peut-on compter sur pareille chance ? A proximité des poteaux mutilés, paissent de grands troupeaux de vaches, gardés par des enfants... plus loin, des moissonneurs, un tablier de cuir à la taille, la faucille en main, chantent une interminable mélopée...; interrompant ces occupations pastorales, nous les interrogeons. Comme par hasard, personne n'a rien vu, rien entendu ; ce sont ces mauvais sujets de Zaërs — qu'Allah les confonde ! — qui ont encore commis ce méfait... Ah ! s'ils osaient se montrer ! etc. etc... Inutile d'ajouter que nous ne croyons pas un mot de ces protestations ; si ces pacifiques paysans n'ont pas coopéré à la destruction de la ligne, ils connaissent les auteurs du sabotage, et rient, dans leur barbe, de notre déconvenue. Mais que faire ? doit-on risquer, par une mesure de rigueur peut-être (sait-on jamais ?) inopportune, de transformer en ennemis agissants ces indigènes en apparence soumis ?

C'est en vain que, suivant les ordres de mon commandant, je tente d'imposer aux caïds la surveillance de la ligne, chaque tribu assurant la garde d'un secteur déterminé. Il faut entendre, alors, leurs protestations ! Il se déclarent sans autorité ; leurs gens les accueilleront à coups de fusil, s'ils veulent leur donner l'ordre de monter ainsi la garde. En particulier, et malgré maint palabre, il est impossible d'obtenir que des tentes viennent s'installer en un certain point, véritable coupe-gorge formé par l'intersection de plusieurs ravins, et où se produisent les plus fréquentes dégradations de la ligne. En parlant des Zaërs, tous ces hommes au visage énergique tremblent ; il est visible que ces peu commodes voisins les terrorisent, et que nos bons alliés détaleront comme des lièvres, à la première menace d'attaque... Allons ! résignons-nous à suivre tous les jours la longue théorie des poteaux, en attendant l'installation de la télégraphie sans fil !

Fort heureusement, nous ne manquons de rien, ici. Des convois périodiques, partant tous les quatre jours de Maâziz, emmènent à Tiflet (à 28 kilomètres) le personnel évacué sur l'arrière, et en rapportent matériel, vivres, munitions, et courrier. L'arrivée du convoi est le gros événement du jour. Depuis longtemps, chacun guette le débouché, au bord du plateau, des cavaliers de pointe devançant la colonne des voitures.. Il arrive, soulevant la poussière... Et alors, les questions de se poser, les « tuyaux » les plus divers de circuler, dans le brouhaha des lourdes voitures se rangeant au milieu du camp. Une sonnerie alerte retentit tout à coup, saluée de joyeuses acclamations « aux lettres ! » C'est la distribution du courrier, des nouvelles... vieilles souvent de plus d'un mois, des chères lettres de la famille anxieuse, des journaux... Et quelle déconvenue, quand le convoi n'apporte rien...

Le tour d'escorte du convoi sur Tiflet est attendu avec impatience. Pensez donc ! Tiflet, c'est un peu comme la ville ; les grands convois de la ligne d'étapes y stationnent. Et c'est là qu'on a les nouvelles, que l'on voit des camarades, qu'on peut s'approvisionner. Modestes, mais cependant réelles joies, pour les gens du bled, isolés comme nous ! Un peloton d'infanterie, et quelques cavaliers (chasseurs d'afrique ou spahis, et goumiers du service des affaires indigènes du poste) escortent les voitures du convoi ; l'infanterie les encadre, cependant que les cavaliers, en avant-garde et sur les flancs, explorent attentivement le terrain. C'est qu'il faut constamment prendre garde, et se considérer comme menacé en permanence d'une attaque. Ce plateau, d'apparence uniforme, est coupé de ravines perfides, propices à l'embuscade ; et des crêtes le dominent, à faible distance.

Nos cavaliers arabes sont incomparables, dans ce service d'éclaireurs ; méfiants et alertes, ils galopent sans cesse vers les points d'observation les meilleurs, d'où leur vue perçante fouille l'horizon. Pendant les haltes, ils s'établissent en vedette; les fantassins, conservant leur fusil, surveillent, eux aussi, avec soin. Par beau temps, le voyage est agréable ; le terrain est facile, et les voitures roulent aisément, sur la piste frayée à travers le palmier-nain. De nombreux douars dressent leurs tentes brunes à proximité, et on croise de nombreux piétons ou cavaliers.

Mais, par le mauvais temps, le bled, désert, prend sous le ciel gris une apparence farouche. Sur la piste détrempée, les voitures enfoncent jusqu'au moyeu, dans une boue grasse et tenace ;

mulets et chevaux s'épuisent à tirer sur les traits, glissent, tombent, refusent d'avancer; l'infanterie, qui marche déjà avec peine, sur ce terrain glissant, doit pousser aux roues ; des voitures versent... la pluie, froide, fouettée par le vent furieux, s'abat en nappes incessantes, et les oueds, où coulait naguère un clair filet d'eau, se transforment en torrents bourbeux qu'il faut traverser en se mouillant jusqu'à la ceinture.

A Tiflet, dès qu'il a plu, le camp se transforme en un lac de boue jaunâtre et visqueuse. Le bivouac des convois de passage est situé dans un véritable bourbier, entretenu par l'incessant mouvement des voitures et le stationnement d'une énorme quantité de mulets et de chevaux. Arrivés ici, il nous faut camper sur ce sol détrempé, y dresser les tentes, dont les piquets, qui ne tiennent pas dans la boue, ne retiendront pas les toiles, si le vent souffle en rafales, et faire la soupe, sous la pluie, en s'évertuant à allumer le bois mouillé... L'énergie des gradés n'est pas de trop, pour contraindre les hommes à faire la cuisine ; si on les laissait faire, ils ne mangeraient plutôt pas ! Avec cela il faut toute la nuit, coopérer à la garde du convoi montant, arrivé le même jour de Rabah, à destination de l'avant... Oui, par le mauvais temps, le séjour du convoi au camp de Tiflet manque plutôt de confortable.

J'ai dit que dans ce poste important passent les convois dirigés de l'arrière sur Meknès et Fez. Ils comprennent, chacun, plus de 200 voitures : arabas, chargées de matériel de toute sorte, fourgons postaux, voitures d'ambulance, caissons d'artillerie... et de 600 à 700 chevaux ou mulets. Sous la pluie froide qui les cingle, ces braves bêtes baissent tristement la tête... Où sont les chaudes écuries des garnisons ? Douces et patientes bêtes, qui dira combien d'entre vous, à bout de forces, sont tombées, au bord des pistes, pour ne plus se relever ? Qui dira aussi les services que vous avez rendus ?

Mais aussi, que de dévouement modeste, d'abnégation et d'énergie, chez vos conducteurs, chez les gradés et les officiers de cet admirable corps qui s'appelle le train des équipages militaires !

Que le sirocco souffle par la plaine surchauffée, soulevant d'épais tourbillons de poussière aveuglante, ou que la pluie tombe à torrents sur le bled embrumé, l'officier du train met en marche son long convoi. Sauf en des cas très exceptionnels, lorsque, par exemple, le débordement des oueds rend leur passage impossible, il faut marcher. Les camarades de l'avant n'attendent-ils pas, en effet, vivres, médicaments, cartouches, matériaux de construction, courrier ?

En route, donc, modeste et vaillant lieutenant !

Tes 200 voitures, marchant par rangs de quatre ou cinq attelages, avancent lentement sur la piste sablonneuse rayée d'ornières, jalonnée par les ossements blanchis et les cadavres à demi-rongés par les chacals, des mulets et chevaux morts à la tâche. En route, dans le claquement des fouets, le grincement des roues, les hennissements ! Ta tâche est rude ! Constamment à la peine, tu es rarement à l'honneur, camarade. Tu as la responsabilité de tout ; qu'une roue se casse, qu'un harnais se rompe, qu'un animal s'abatte, tu accours au galop, gourmander les conducteurs, encourager le zèle de tous... et mettre la main à l'ouvrage !

A l'arrivée au bivouac, il te faudra livrer les colis, faire réparer, avec les moyens de fortune qu'improvisera ton ingéniosité, arabas défoncées et harnais en triste état, faire ferrer tes animaux, veiller au bien-être de tes hommes.

Et, après avoir dressé ta tente dans la boue gluante du bivouac, et passé la nuit au milieu du brouhaha des mulets tapant du pied et tirant sur leurs chaînes, tu repartiras demain, à l'aube, à la tête de tes chemineaux.

Vingt jours sur trente, sans jamais te plaindre, tu feras ce dur métier. Grâce à toi, grâce à tes compagnons, on mangera, dans les postes perdus du bled !

Qui t'a vu à l'œuvre s'incline, comme je le fais.

devant ton abnégation et ton dévouement. Et l'histoire dira, quelque jour, que sans les « tringlots » de France, la conquête de l'Afrique du Nord eût été moins rapide, plus pénible encore pour nos petits soldats, impossible même.

En dehors des escortes de convoi et de quelques reconnaissances poussées à l'extérieur du poste, nos occupations consistent surtout à aménager le camp. De grandes tentes coniques sont arrivées. Dressées sur des murettes de pierres sèches, elles constitueront un abri d'hiver fort supportable. Ensuite, il faut penser à édifier des constructions plus confortables, en maçonnerie ; nous commencerons par l'ambulance, évidemment. Puis, on élèvera de grandes baraques, pour les hommes. Enfin, on aménagera des logements d'officiers.

Voilà du travail en perspective, et bien fait pour mettre en relief l'ingéniosité de nos hommes, et l'intelligence de tous. Des chantiers sont organisés; aux abords du camp, des carrières de pierre à chaux et de pierre à bâtir sont découvertes, et mises aussitôt en exploitation. On trouve aussi du plâtre, aux environs. Deux fours à chaux et un à plâtre sont construits. Enfin, l'argile servira à faire des briques, après des essais dont le lieutenant Mascarat, directeur des travaux, se montre justement fier.

Le camp ressemble à une véritable ruche. Ici,

des charpentiers débitent des madriers ; des terrassiers, plus loin, creusent les fondations des futures bâtisses ; en longues théories, les mulets de bât, conduits par des tirailleurs, portent pierres, sable et chaux sur les chantiers ; sans interruption, les arabas déversent leur chargement de pierres ; les sous-officiers, transformés en chefs de chantier, vont, le mètre en main. Tels les anciens légionnaires de Rome, nos soldats du Maroc font alterner les travaux guerriers avec ceux de la paix. Et chaque pierre nouvelle, qui se pose, dans l'effort patient et soutenu, est une affirmation de notre prise de possession définitive du sol marocain. Nos voisins contemplent avec stupéfaction ces travaux ; ils avaient, avouent-ils, le secret espoir de nous voir bientôt partir d'ici ! notre installation leur démontre leur erreur... de gré ou de force, il faut nous subir !

Nos spahis et nos tirailleurs vantent en vain à ces sauvages la douceur de notre domination, l'équité des chefs, les bienfaits de la paix, la sécurité des pays d'Algérie et de Tunisie. On sent que leurs auditeurs sont incrédules. Habitués, de temps immémorial, à être pillés, exploités, à ne compter que sur leur fusil, à ne connaître que l'arbitraire, la violence, et la rapine, comment pourraient-ils croire que leurs vainqueurs d'aujourd'hui respectent les femmes et les biens des vaincus ; que leurs chefs ne vivent pas uniquement de concussion et de brigandage ; qu'ils pratiquent la justice, et protègent les gens paisibles contre les pillards ? Et un sourire sceptique luit dans leurs yeux malins, démentant l'approbation étonnée des lèvres... Ces Marocains, ce sont des « canailles », des « carottiers », de « grandes crapules », conclut avec conviction un de mes amis des tirailleurs, vieux soldat au nez en bec d'aigle et au regard malin. Ce sont des « sauvages » (encore une des expressions favorites de cet excellent Lakhdar, grand buveur de Pernod). Et un sourire de mépris court sur ses lèvres dédaigneuses ; je crois bien qu'il est dans le vrai !...

Les admirables soldats, que ces tirailleurs et ces spahis ! Marcheurs infatigables, ou cavaliers qu'aucune randonnée n'étonne, ces montagnards Kabyles, ces pasteurs du Haut-Plateau, ces Ksouriens des chaudes oasis du Sud, ces « ouled-plaça » enfin, fils des villes du Tell, où leur jeunesse espiègle gambadait en tête des clairons, ou vivotait du métier aléatoire de cireurs de bottes, vendeurs de journaux ou commissionnaires (a porti, Madame !) ont acquis sous nos drapeaux, au contact des vieux routiers fatalistes et désabusés, les qualités qui font les vrais hommes de guerre.

Sobres, buvant n'importe quelle eau, couchant sous leur petite tente des mois entiers, sous le soleil de feu comme sous la pluie glacée, ces enfants de la brousse sont toujours alertes et de belle humeur, toujours prêts à mettre sac au dos ou à sauter en selle, toujours ravis à l'idée de faire parler la poudre ou de sabrer l'ennemi.

Avec cela, quelle affection confiante et respectueuse ils témoignent à leurs chefs ! quelle camaraderie joviale pour les autres soldats ! quel modeste et sûr dévouement !... Tout est bon, pour ces errants ; leur philosophie résignée leur fait accepter avec le même sourire épanoui les fatigues comme le repos, les privations comme l'abondance. « Serbice, serbice », conclut le tirailleur, en présence des plus dures exigences du métier.

Qu'importe au tirailleur Ali ou à son camarade Belkassem, cavalier au rouge burnous, que l'étape ait été rude, et la chaleur accablante ? N'a-t-il pas, au bivouac, l'indispensable « caoua », et l'éternelle cigarette, compagnons de son rêve lointain ?

Pendant la marche, indifférent aux piqûres du jujubier sauvage, qui lacère son large pantalon, Ali a chanté, en battant des mains, l'interminable refrain, naïf et obscène à la fois, des piétons qui « marchent la route », comme il dit. Bercé par le pas de son alezan, Belkassem a fredonné l'interminable cantilène qu'il apprit, un jour de convoi, sur les pistes du bled, de quelque chamelier saharien. Et, de palmier-nain en palmier-nain, de ravin en ravin, de crête en crête, tous deux sont arrivés à l'étape. Promptement, les « guitouns » se dressent ; au feu clair des brindilles ramassées au cours de la route (on ne sait ce qui peut arriver), bout rapidement l'indispensable « kaoua ». Puis, tandis que l'un nettoie son fusil et que l'autre bouchonne son cheval qui hennit après les juments des goumiers, un loustic a tiré de sa musette une flûte de roseau. Sous la tente rapiécée, les sons aigrelets de l'instrument rustique et le ronflement sourd d'un tambourin (en l'espèce, un bidon) scandent la langoureuse mélopée d'amour, entendue jadis aux tentes de poil des nomades ou dans les ksours du Sud... Puis, quelque luron aux pieds nus, se déhanchant avec la grâce lascive des brunes filles des Ouled-Nayl, mimera, à la grande joie des camarades accourus, et poussant des « you-you amusés, la danse voluptueuse du mouchoir ou du sabre, y ajoutant des contorsions... réalistes qui déchaîneront le rire de tous. Là-dessus, une partie de loto ou de cartes, et l'on a vite oublié que le « barda » pesait lourd aux épaules, que la route était longue, l'eau rare, et le soleil ardent. Et puis, demain, « Inch' Allah ! » (s'il plaît à Dieu) on tirera des coups de fusil, on sabrera ces « cheïtanes » (démons) de Marocains. Si une balle arrive... « Mektoub » (c'était écrit !)

Aussi braves qu'endurants, tirailleurs et spahis

adorent la bataille. Mais quelle consommation de cartouches ! Ils se croient toujours à la fantasia. A noter aussi la tendance des tirailleurs à se grouper, après avoir pris la formation de combat. Les vaillants « nazes » n'en constituent pas moins une infanterie de tout premier ordre, une troupe de campagne hors de pair.

Quant à leurs frères, les spahis rouges, ce sont d'incomparables éclaireurs. Leur regard perçant ne laisse rien échapper ; avec cela, ils ont l'instinct inné des situations, et se placent toujours, d'eux-mêmes, aux meilleurs points d'observation. Leur concours est donc non seulement précieux, mais indispensable, et nulle autre cavalerie ne saurait les remplacer ici.

Il serait injuste de ne pas associer au même sentiment de reconnaissance pour les spahis leurs admirables chevaux. Maigres, minables souvent, éprouvés par des séjours prolongés dans la boue du bivouac, ou sous le soleil, ces vaillants chevaux marchent toujours, d'un pas aussi sûr, par les pentes pierreuses, le sable, la broussaille épineuse.

Ceux de chasseurs d'Afrique ne leur cèdent d'ailleurs en rien. Quant à leurs cavaliers, j'aurai l'occasion d'en parler plus loin ; disons, pour l'instant, qu'eux aussi sont de braves et énergiques soldats, mis à une rude épreuve là-bas ; le « Bouchaïb » (1) a vite appris à redouter le sabre courbe des petits chasseurs bleus ceinturés de rouge !

---

(1) Bouchaïb, sobriquet populaire du paysan marocain, constamment employé là-bas

CHAPITRE XIII

L'hivernage. — Rôdeurs de nuit. — La colonne Brûlard. — Combats du 9 mars et du 2 mai. — Les « Joyeux au feu ».

Les chaleurs terminées — enfin ! — notre existence ici, se poursuit sans incidents notables, jusqu'à la fin de l'hiver. De multiples occupations, notamment la construction des logements des hommes, réclament l'activité de tous. Avec décembre, commence la période des pluies, qui tombent, dans ce pays, avec violence, pendant des journées entières, sans un moment de répit. Nous pataugeons dans la boue ; le ciel est triste ; c'est le moment de se défier du « cafard », ennemi des énergies !

Autant ce paysage est riant, sous le soleil, autant il est morose, par ces temps embrumés ; les montagnes sont noyées dans le brouillard. La rivière, si gaie, s'est transformée en un torrent boueux, roulant des arbres déracinés... Il nous faut renoncer momentanément à la pêche, passe-temps favori de beaucoup. Ce n'est pas, certes, une distraction exempte de tout danger ; ici, le pêcheur a son fusil en bandoulière, tandis que des sentinelles, blotties dans les fourrés qui bordent la rivière, surveillent avec soin la rive opposée. Mêmes précautions à la chasse... on risque, en effet, en poursuivant un perdreau, d'y rencontrer quelque Beni-Hakem ou Zaër en quête de quelque mauvais coup !

Par ces temps abominables, le service de nos postes extérieurs est extrêmement pénible. Ils doivent stationner des nuits entières dans la boue, sans tentes pour les garantir de la pluie.

C'est que les coureurs de brousse ne s'arrêtent pas, eux. Les intempéries, loin de les gêner, favorisent, au contraire, leurs entreprises nocturnes. Et il ne se passe presque pas de nuit, où ces malandrins ne tentent de pénétrer dans le parc aux bœufs, dans celui des chevaux et mulets, et dans l'enceinte du souk, où quelques marchands, grecs, juifs ou marocains, ont installé des échoppes de planches ou des tentes.

Et c'est, dans le calme de la nuit, un échange de coups de feu, entre les rôdeurs et nos sentinelles. Nous en avons pris l'habitude ; personne ne se dérange plus...

Par une nuit absolument noire, alors que la tempête soufflait avec rage, des voleurs se sont introduits dans l'enceinte des animaux de trait, et ont emmené deux magnifiques mulets d'artillerie. Tant d'audace déconcerte.

Une autre fois, ils ont volé le chameau d'un « mercanti ». Un marchand marocain a été tué sous sa tente.

De temps à autre, une fusillade éclate, non loin du camp, dans la nuit calme. C'est un parti de dissidents, qui tombe sur un douar de nos alliés. Pendant quelques minutes, des coups de feu nourris s'échangent, dans les hurlements des femmes et les aboiements furieux des chiens. Puis, tout se tait. Au jour, les blessés sont amenés au camp. L'agresseur ne respecte rien, tirant sur les femmes et les enfants en bas-âge. J'ai vu des marmots de cinq ou six ans blessés de coups de feu. Doux pays !

Quant aux morts — il est rare que ces échauffourées se terminent sans que quelque défenseur du douar soit envoyé « ad patres » par une balle de Winchester — on les enterre auprès d'un marabout, tout voisin du camp ; femmes et enfants, poussant des cris lugubres, et s'égratignant le visage, sont encadrés par les hommes, portant le fusil sur l'épaule ou en travers de la haute selle, et marmottant la prière des morts dans la vraie foi.

Episode fréquent, que ces funérailles, en ce pays troublé ; ces événements ne paraissent pas affecter outre mesure nos protégés ; ne vivent-ils pas, depuis leur naissance, dans un milieu de meurtre et de rapine ? Ces agressions leur semblent donc toutes naturelles... à charge de revanche ! A plusieurs reprises, le goum du lieutenant C... chef du service des affaires indigènes du poste est monté à cheval, pour protéger les douars attaqués. Brave camarade ! seul Français au milieu de cette trentaine de cavaliers, il n'hésitait pas se lancer au loin avec eux, les étonnant par son calme courage et sa décision juvénile. Au cours d'une de ces sorties, le chaouch du goum, Algérien énergique et dévoué comme un chien à son officier, est blessé d'un coup de feu. Ce courageux cavalier, immobilisé par la souffrance, n'a désormais qu'une idée : se venger, et cher, de cette « bande de cochons », ainsi qu'il appelle les dissidents, en son vocabulaire coloré, acquis au cours des colonnes et dans les bivouacs de l'avant.

Nous sortons en reconnaissance, quand le temps le permet. C'est une joie pour tous. La colonne traverse des douars nombreux, installés auprès de magnifiques terres de culture. De beaux troupeaux paissent, dans les prairies. Quand la paix définitive règnera ici, cette région connaîtra, avec nos colons, une prospérité largement rémunératrice. Et, semblables à leurs frères d'Algérie et de Tunisie, ces Marocains toujours en armes deviendront à leur tour, de paisibles cultivateurs... Evolution fatale. Mais ce n'est pas encore demain, que le

moissonneuses-lieuses abattront, par ces champs pacifiés, les épis gonflés de lourds grains dorés !...
L'hiver se passe ainsi. Au mois de février, les opérations menées dans la région montagneuse du Tafoudaït par le général Ditte, ont une répercussion dans notre région. L' « aimable » cheikh Aouar, réfugié dans le massif montagneux de Tidders, au Sud et non loin du poste, redouble d'efforts pour grouper les Beni-Hakem, en vue d'une agression contre Maâziz. Les agents de renseignements signalent que des palabres se tiennent, sur les marchés du bled. Partout, il est question de nous attaquer en masse, avec le concours du fameux chef berbère, Hamou Zaïani, personnage influent, dit-on, chez les montagnards ; il disposerait d'importants contingents, et même de quelques canons (toujours l'exagération arabe !).

Quoi qu'il en soit, l'agitation augmente rapidement, dans le bled. Les attentats contre nos alliés deviennent chaque jour plus fréquents. Une action contre les Beni-Hakem s'impose absolument. Le 7 mars le colonel Brulard arrive à Maâziz, venant de Tiflet. Il amène avec lui des tirailleurs du 1ᵉʳ régiment, de la légion, des Sénégalais, des spahis et une batterie coloniale de montagne.

Renforcée de quelques éléments de notre poste, la colonne va opérer dans les montagnes, au sud du poste, vers le Djebel-Hadid, où sont signalés de gros rassemblements. Quelles unités vont marcher, dans la garnison de Maâziz ? Chacun invoque des motifs louables à l'appui de son droit. Le lieutenant F..., de l'artillerie coloniale, brûle du désir d'aller canarder les Beni-Hakem avec ses deux pièces de 75, qui ont déjà fait de la belle besogne pendant la colonne de Fez et devant Meknès. Depuis que nous sommes ici, il a bien lancé quelques obus, dirigés avec une précision étonnante, sur quelques « pouilleux » venant inquiéter nos alliés sans se méfier assez des terribles canons. Mais cela ne suffit pas au bouillant artilleur. Et ses vieux soldats grognent, à l'idée qu'on ne les emmènera pas. Mais les pièces de 75 ne sauraient passer, dans ce bled impossible où va opérer la colonne. C'est le tour des petits canons de 65 et des infatigables mulets au pied sûr. Cette fois encore, la 1re compagnie ne sera pas de la fête. Ce n'est pas son tour. Elle fournira seulement une section à l'autre compagnie du bataillon. L'adjudant, désigné par le sort, marche à la tête de cette section. Le brave sergent-major est inconsolable...

Quant au lieutenant Mascarat, il ne peut se résigner à voir ainsi partir les camarades, à rester ici, monter la garde, tandis que les autres iront taper sur les « bicots ».

Chez les chasseurs, c'est à qui sollicite l'honneur

d'aller au feu. Quarante d'entre eux, choisis parmi les meilleurs, sont désignés. Leur joie est touchante. Combien leurs camarades les envient !

Le neuf mars, à la pointe du jour, la colonne prend la direction de l'ennemi. Echelonnée sur l'étroite piste, elle traverse à gué l'oued Tanoubert ; puis, son long serpent, où brillent, aux premiers rayons du soleil, des reflets d'acier, gravit les pentes du col, et disparaît à nos yeux.

Vers neuf heures, le canon tonne, sur le plateau de Tidders. D'abord espacées, les détonations se suivent bientôt sans interruption. D'une hauteur voisine du camp, on voit les obus éclater dans le ciel bleu. L'ennemi était donc très rapproché de nous, et le combat doit être sérieux...

Dans l'après-midi, nous avons des renseignements. La colonne a dû vaincre l'énergique résistance de très nombreux Beni-Hakem, disposés en travers de sa route, et occupant une série de crêtes abruptes, d'où il a fallu les déloger successivement, sous un feu précis et très nourri. Les difficultés du terrain ont été très grandes, et nos troupes ont dû fournir un effort des plus pénibles. Les pertes de l'ennemi sont considérables. De notre côté, nous avons 4 morts et une vingtaine de blessés, dont 3 officiers (parmi eux, le capitaine Didier et le lieutenant Fernandez, de la compagnie de

« Joyeux » qui fait partie de la colonne). Celle-ci poursuit sa marche vers le sud.

Le lendemain, arrivent au poste les blessés de la veille, et les morts. Nous rendons les honneurs à ces braves gens. Rangés en haie, « Joyeux » et tirailleurs présentent les armes, tandis que les clairons sonnent « aux champs ». Les mulets de cacolet, portant chacun deux blessés, défilent... puis ce sont les morts, enveloppés dans une toile de tente, d'où ne sortent que les pieds, chaussés des lourds brodequins... Dans leur simplicité martiale, combien ces honneurs, rendus à nos chers morts, ont de sévère grandeur !

Après avoir combattu encore le dix mars, mais avec moins de fatigues, la colonne rentrait le onze à Maâziz. Cette randonnée, quoique brève, a été cependant très pénible, de l'aveu unanime. Le pays est extrêmement difficile, l'ennemi tenace et bien armé.

Le colonel se déclare enchanté de l'attitude de tous. Légionnaires, tirailleurs, « Joyeux », spahis et artilleurs, tout le monde a crânement marché.

Notre section s'est fait remarquer par son sang-froid et son entrain. Il faut voir mes « Joyeux », il faut les entendre, surtout, raconter avec leur verve faubourienne les péripéties du combat !

Mon ancien lieutenant, F..., commandait sa section de mitrailleuses, pendant la colonne. Lui aussi a fait de la bonne besogne, et les balles sifflaient dru, autour de ses deux pièces qui criblaient les fantassins ennemis de balles bien ajustées... Modeste, il n'ajoute pas que sa crâne attitude lui vaudra bientôt une belle citation...

Le treize mars, la colonne nous quitte, regagnant Tiflet. Nous l'accompagnons pendant quelques kilomètres. Puis, nous prenons congé des camarades et du colonel Brulard, qui s'en va à Fez, prendre le commandement des troupes chérifiennes.

Il emporte l'affectueux respect de tous. C'est un chef. Il inspire confiance. Impassible, sous la grêle des balles, il va, donne ses ordres comme à la manœuvre. Il fait bon marcher derrière le fanion bariolé, orné d'une queue de cheval, de Brulard l'Africain...

La leçon aura-t-elle été profitable ? C'est douteux. Ayant mis leurs biens en sécurité, les Beni-Hakem n'ont pas été atteints dans leurs œuvres vives. Certes, plus d'un d'entre eux n'a pas regagné sa tente. Mais désarmeront-ils pour si peu ?

Le fameux cheikh Aomar, blessé à mort par un éclat d'obus, a rendu à Dieu son âme de forban... Bon débarras ! Mais ses fils restent ; avec eux, quelques-uns de nos plus farouches ennemis, compagnons inséparables de ce saint marabout. Il faut nous attendre à voir tous ces individus recommencer bientôt leurs intrigues. Il y a encore de beau jours, pour Maâziz !

Pendant un mois environ, c'est la paix complèt Plus de coups de fusil, la nuit. Les renseignemen ne signalent aucune agitation. L'âge d'or, quoi Ce calme est bien énigmatique.

Le jour de Pâques, comme un peloton de l compagnie, revenant de Tiflet, où nous avons es corté un convoi, arrive en vue des hauteurs qu dominent, au sud, la vallée de Maâziz, un énorm panache de fumée monte soudain, dans la clart de ce matin ensoleillé, sur le plateau de Tidders au centre même de la région où les dissident abritent leurs douars.

A n'en pas douter, un événement important s prépare ou se passe. Flambant soudain dans l nuit, des feux portent fréquemment au loin l signal mystérieux des douars ; d'autres feux leu répondent, puis s'éteignent. Le jour, des fumée bleues, s'élevant des crêtes proches du camp avertissent au loin, dès qu'une de nos reconnais sances se met en mouvement. Notre ennemi, cons tamment aux écoutes, manifeste ainsi sa présenc silencieuse et vigilante.

Anxieux de savoir, nous précipitons la marche Un goumier, surgi tout-à-coup d'un ravin voisir de la piste, me tend un pli. On fait savoir que le commandant, sorti du poste avec trois compa gnie et l'artillerie, s'est porté vers un gros rassemblement ennemi, signalé par nos émissaires à trois kilomètres environ au sud de Maâziz, dans la direction de Tidders.

A peine arrivons-nous au camp, que le canon retentit à coups redoublés sur le plateau, là-haut. L'écho montagnard répète au loin les sèches détonations de nos deux pièces. Le camarade artilleur doit être ravi ! Peu après, la voix du 75 se tait. Et la reconnaissance, descendant les pentes rougeâtres du col qui mène de Maâziz vers le plateau, rallie le poste.

Vite, aux « tuyaux » ! Plusieurs centaines d'ennemis, comprenant de nombreux cavaliers, ont été aperçus, marchant de l'Ouest à l'Est, en une longue colonne. L'artillerie n'a pas manqué cette belle occasion, mais le terrain a favorisé le prompt défilement des dissidents.

Où vont-ils se diriger ? D'où venaient-ils ? Et quelle était leur intention ? En voulaient-ils à notre poste, ou bien marchent-ils sur le nouveau camp du Tafoudaït, pour donner la main aux Zaïanes ? Chaque jour, en effet, nos émissaires signalent qu'une attaque en masse se prépare contre ce poste...

L'alerte passée, le camp reprend sa physionomie paisible, son existence laborieuse... Rien ne nous étonne plus, maintenant.

Huit jours après, dans la matinée, une masse de cavaliers et de fantassins ennemis défile, pendant plusieurs heures consécutives, en vue du camp, mais hors de portée efficace des canons. Cavaliers et piétons, cheminant, homme par homme, à larges intervalles, et franchissant rapidement les espaces découverts (agirions-nous autrement ?) passent ainsi sous nos yeux.

Ils ont dû être bien désappointés, car ils sont venus pour tomber sur l'important marché hebdomadaire des tribus ralliées, dont l'emplacement habituel se trouve juste à l'endroit d'où cette masse imposante (ils sont bien de 1.500 à 2.000) débouche des plateaux de Guelta-el-Fila sur l'oued Bou-Regreg.

Ces malandrins ont compté sans la prudence de notre officier des renseignements ! Il y a bien marché... mais sur un autre emplacement, à portée de nos redoutables canons. Il faut renoncer au beau rêve, de saccager cette importante réunion d'animaux, et de batailler, avec l'avantage du nombre, contre ces mauvais frères, alliés des « roumis ». Le coup est manqué ; le poste est sur ses gardes, les canons prêts... Et l'ennemi, en files nombreuses, disparaît dans la montagne.

Quant à connaître ses intentions, il faut y renoncer. Même à prix d'or, nul émissaire ne consent à aller espionner chez les Beni-Hakem... Ainsi, à

2 kilomètres à peine du poste, l'ennemi peut se grouper à l'abri des crêtes ; nous n'en saurons rien.

Et c'est là, n'est-ce pas ? ce qui donne un goût si pimenté à cette existence, dans le bled où nous sommes en enfants perdus. Demain, ce soir, cette nuit, tout à l'heure, peut-être, il faudra prendre le fusil.

En attendant le moment — il faudra bien qu'il vienne ! — d'aller guerroyer contre Zaërs ou Beni-Hakem, nous continuons à construire. L'ambulance est terminée. Nos malades y seront bien, plus heureux que leurs devanciers, pauvres bougres grelottant de fièvre sous des tentes-marabout, où le vent s'engouffrait par rafales furieuses, saupoudrant de poussière les remèdes de ces malheureux. Maintenant nos fiévreux et nos blessés ont un logement confortable, et les balles perdues de l'assaillant ne risqueront pas, du moins, de trouer les toiles des tentes de l'ambulance, par les nuits de « baroud » (1) chères à nos vieilles connaissances du bled !

Des baraques s'achèvent, couvertes de l'indispensable tôle ondulée. Des chemins commodes, dûs à la collaboration des « Joyeux » et des tirailleurs permettent de circuler partout à pied sec, à

---

(1) « Baroud », poudre. Par extension, fusillade, escarmouche.

l'intérieur du camp. Au dehors, les tirailleurs aménagent les pistes et les gués, sous la direction de leurs officiers. Et, ma foi ! contrairement à l'opinion répandue, que les indigènes sont maladroits... etc... ces braves « nazes » font de fort bonne besogne. Mais à la condition d'être dirigés, et surveillés. Sans quoi, ils ont tôt fait d'allumer l'éternelle cigarette, de s'étendre à l'ombre, et de rêvasser, en chantonnant une de ces interminables « rengaines » plaintives, où se berce leur nostalgie...

Bref, le poste devient confortable. On y a fourni un très rude effort. Mais le résultat est acquis ; et, pour leur part, les « Joyeux » peuvent en être fiers.

Vers le 20 avril, nous apprenons ici les dramatiques événements de Fez, le massacre des cadres de la mission militaire et de nos compatriotes civils, tous gens de cœur tombés au service de la Patrie ! Nous pouvons nous attendre à un redoublement de turbulence des tribus. Chose étrange, et qui me surprend beaucoup, les indigènes des douars ralliés semblent ne rien avoir appris de ces graves incidents... Que croire ? feignent-ils l'indifférence, ou bien ne savent-ils réellement rien ? En tous cas, nous nous tenons sur nos gardes, plus que jamais.

Et c'est prudent ! Dans les derniers jours d'avril, en effet, les Beni-Hakem donnent de nouveaux signes d'agitation ; ils menacent les tribus ralliées, si elles ne se décident pas, et sans retard, à faire cause commune avec eux contre nous. Nos amis sont inquiets, hésitants ; ne vont-ils pas, à leur tour, partir en dissidence ? Et voici que nous apprenons le rassemblement, à douze kilomètres à peine au sud de Maâziz, de gros douars, les mêmes que la colonne Brulard a bousculés, le neuf mars. Une telle insolence est intolérable ; notre prestige, et la sécurité du poste, exigent qu'elle soit châtiée. Le premier mai, au soir, le commandant nous fait savoir qu'une reconnaissance partira dans la nuit. La 1re compagnie en fait partie. Elle n'est avertie qu'au moment du réveil, de crainte des indiscrétions possibles (ne sommes-nous pas entourés d'espions ?). Mais alors, quelle joie chez tous, en apprenant qu'on va marcher, et très probablement se battre !

Le deux mai, à quatre heures du matin, la reconnaissance (comprenant : 5e et 1re compagnies du 3e bataillon d'Afrique, 7e compagnie du 3e tirailleurs algériens, 2 pièces de 75, la section de mitrailleuses du bataillon, un peloton du 3e chasseurs d'Afrique, le goum, et l'ambulance), traversait à gué l'oued Tanoubert, se dirigeant vers le plateau de Tidders. Chacun brûlait du désir de se venger des incessantes insultes des Beni-Hakem ; ils allaient enfin payer leurs rapines et leur insolence.

La compagnie comptait 125 fusils, dont 115 à mettre en ligne.

Au débouché de la colonne sur le vaste plateau couvert de cultures, que domine le massif difficile et raviné de Tidders, un groupe de fantassins amis, tous armés de fusils, et suivis de sloughis efflanqués, nous rejoint, et marche sur notre flanc. Ils sont enchantés ; ne comptent-ils pas, en effet, assister à la défaite de leurs ennemis ? Il y en a de tout âge, dans ce groupe, des vieillards à barbe grise, et de tout jeunes gens. Leur inséparable sac à cartouches en sautoir, le fusil sur l'épaule, leurs chiens minables sur les talons, ne dirait-on pas des chasseurs ?

Par cette plaine, longue de quatre kilomètres environ, les orges et les blés, très hauts déjà, et très drus, ondulent sous le vent frais de cette gaie matinée de printemps, pleine de chants d'oiseaux. Nous nous engageons dans ces champs, où les cultures nous couvrent jusqu'à la ceinture ; la rosée, très abondante, rend la marche désagréable. En avant, les chasseurs d'Afrique, rouges et bleus, et les cavaliers du goum, l'arme à la cuisse, explorent le terrain. Sur les flancs, de nouveaux groupes de cavaliers et piétons des douars ralliés, accourent à toute allure de leurs tentes, voisines de la piste que nous longeons, pour prendre part, aussi, à la fête de la poudre.

Après une heure et demie de marche, la colonne gravit un mamelon aux pentes raides, face à la hauteur de Tidders, où une Koubba s'abrite sous le feuillage vert sombre de gros oliviers sauvages. Le goum se lance en avant, déployé ; la colonne prend une formation d'attente, l'artillerie et les mitrailleuses encadrées par l'infanterie.

Aucun ennemi en vue. Les dissidents ont eu vent de notre sortie, malgré les précautions prises pour que nos desseins restent secrets. Des yeux vigilants ne fouillent-ils pas l'obscurité, tout autour du camp ? des espions ont certainement discerné nos préparatifs, et le « télégraphe arabe », comme nous disions en Algérie, a tôt fait de renseigner ces roublards de Beni-Hakem. Serons-nous sortis pour rien ?

Soudain, les deux pièces de 75 ouvrent le feu à quatre mille mètres, sur un but invisible. L'officier du service des renseignements a appris que les campements ennemis se sont dissimulés dans un ravin profond, en arrière de la hauteur de Tidders. Et les obus de cracher la mort, là-bas, loin de nos yeux, tandis que l'écho de ces montagnes abruptes répercute majestueusement les détonations des canons.

On se croirait à quelque exercice de garnison. Nos amis des tribus fidèles se sont groupés en arrière des pièces, appuyés sur leurs fusils ; le tir de notre artillerie les stupéfie, et c'est avec des hochements de tête approbateurs, et des exclamations enthousiastes qu'ils signalent l'explosion des obus, éclatant si loin, plusieurs secondes après la décharge des pièces... Tout à coup, des fantassins ennemis apparaissent sur la hauteur de Tidders, en arrière et à droite de la Koubba. Leurs petits groupes, remarquablement dissimulés dans la broussaille, se rapprochent en rampant des cavaliers du goum, et une fusillade nourrie éclate bientôt.

Les goumiers ripostent aussitôt ; les coups sourds de leurs fusils Gras alternent avec le claquement sec des fusils à tir rapide de l'ennemi. Et nous assistons, amusés, à une série de combats singuliers entre les Beni-Hakem, embusqués dans les hautes herbes, et nos éclaireurs. Ceux-ci s'avancent au galop, déchargent leur arme, repartent posément la recharger, et retournent vers l'ennemi. Ce manège, inoffensif pour nos partisans, s'agrémente d'interpellations sur le mode homérique, et nous entendons nettement les injures et les imprécations qu'échangent les adversaires.

A ce jeu, les munitions des goumiers s'épuisent vite ! ils se replient, sous la protection des canons et des deux mitrailleuses. « Dommage ! s'écrie un « Joyeux » ; c'est comme si qu'on serait aux fauteuils de balcon du théâtre Montparno ! ». L'ennemi continue à s'infiltrer, bravant avec une audace étonnante les obus bien dirigés qui éclatent au-dessus de sa tête ; des groupes de plus en plus nombreux surgissent de derrière les crêtes, débouchent des ravineaux broussailleux ; fidèles à leur habitude, ces gaillards-là accourent au bruit du canon ; déjà, quelques balles sifflent ; évidemment, notre position est inabordable, et les Beni-Hakem ne vont pas tenter de l'attaquer ; mais il faut nous attendre à être harcelés sur nos flancs et à l'arrière-garde, pendant notre retour au camp.

A huit heures trente, le détachement entame son mouvement de repli, les deux compagnies du bataillon d'Afrique formant flanc-garde à gauche. A l'arrière-garde, un peloton de chasseurs d'Afrique et une section de la 1re compagnie (sergent Franceschi). A l'extrême-gauche, le goum suit la piste menant à Maâziz. A peine avons-nous dépassé l'oued qui longe, au Nord, les pentes du mouvement de terrain que nous occupions, qu'une vive fusillade éclate, à l'arrière-garde. Les chasseurs d'Afrique, tirant à cheval, et la section Franceschi sont aux prises avec les fantassins ennemis. Ceux-ci, se défilant dans la broussaille, utilisant les moindres replis du sol, s'approchent sournoisement. Tandis qu'une partie d'entre eux occupe notre arrière-garde, d'autres troupes surgissant à notre droite, dirigent déjà un feu nourri sur les deux compagnies arrêtées face à l'attaque. Et de nombreux cavaliers, tourbillonnant en fantasia, échangent, à l'extrême-droite, une fusillade précipitée avec nos goumiers.

Cela promet d'être chaud. Le dessein de l'ennemi se précise. Il en veut au flanc gauche du détachement. La 1re compagnie du 3e « Joyeux », si souvent à la peine, va être, à son tour, à l'honneur...

Couchés dans l'herbe, attentifs, les « Joyeux » ripostent avec calme au feu inoffensif des Beni-Hakem. Les balles passent haut. Seuls, les meilleurs tireurs de chaque section dirigent quelques coups de fusil sur les rares ennemis entrevus, par la broussaille. La section d'arrière-garde vient de nous rejoindre ; elle a un blessé ; son transport à bras a retardé la marche.

Bientôt après, le goum et la compagnie d'Amfreville (5e et 3e bataillons d'Afrique) se replient. La 1re est, dès lors, isolée. L'ennemi s'en aperçoit bien vite, et tout son effort se dirige contre elle. Malgré notre tir précis et calme, les fantassins Beni-Hakem, rampant à travers la broussaille épineuse et les rochers gris, se sont avancés jusqu'à cinq cents mètres de nous ; en vain, une section crible-t-elle de feux à répétition, à quatre cents mètres, un tournant fourré de l'oued, d'où surgit l'ennemi ; sous la grêle de plomb, les Berbères avancent quand même. Et leur feu, remarquablement ajusté maintenant, met quelques hommes hors de combat, dans les courageuses sections qui font face à l'attaque résolue.

Dès lors, la lutte s'aggrave. L'ennemi concentre son feu sur les groupes des transporteurs de blessés. De nouveaux hommes tombent. Il faut, à tout prix, enlever nos blessés ; avec un ennemi aussi sauvage, c'est un devoir sacré. Le mouvement de repli, exécuté par échelons de section, ne peut donc s'exécuter qu'avec lenteur. L'ennemi franchit l'oued, et s'embusque dans les orges, à moins de deux cents mètres de nous. La compagnie est « accrochée ». Nous sommes perdus, si les Beni-Hakem réussissent à déborder notre aile droite.

Ah ! les braves « Joyeux » ! Quatre fois, lancés à la baïonnette, ils font reculer l'adversaire, qui n'attend pas le corps-à-corps. Quatre fois, plus acharnés encore, les Beni-Hakem regagnent du terrain, et nous fusillent, maintenant à cinquante pas. Des cavaliers surgissent soudain, des orges très hautes, mettent pied à terre, et, poussant leur cri de guerre, criblent notre droite de coups de feu. Nous les distinguons nettement. Ils sont presque nus, leur air est farouche, la rage anime leurs yeux. Mais la section Franceschi était là ! Elle fonce à la baïonnette, sous la fusillade à bout-portant. Son chef tombe, frappé à mort. Le caporal

Basset, qui le remplace, est abattu à ses côtés. L'ennemi recule en désordre. Cette poignée d'hommes en a imposé à son courage farouche. Les autres sections arrivent à la rescousse, toute la compagnie se lance en avant. C'est dans ce mouvement énergique que le lieutenant Mascarat est blessé d'un coup de feu à la tête, tiré à dix mètres à peine par un chef ennemi, aussitôt abattu. Au cours de ce même retour offensif, le sergent-major Robert reçoit deux blessures, au bras et à la poitrine. Stoïque, le vaillant sous-officier refuse de quitter la ligne de feu ; la douleur, seule, peut venir à bout de son énergie.

Nous voilà dégagés... pas pour longtemps. L'ennemi revient, en effet, à l'attaque. On se bat presque à bout portant. Comment cela va-t-il finir ? Ralliés par sections, les « Joyeux » vont vendre chèrement leur vie... Le moment est critique. Mais voici du renfort ! Deux sections, une de tirailleurs, l'autre de la 5e compagnie du bataillon d'Afrique, arrivent au pas de course. Dans un magnifique élan, turcos et « Joyeux » nous entraînent, à la baïonnette. Un rapide corps-à-corps ; l'ennemi est bousculé, il lâche enfin ce terrain si âprement disputé depuis une heure et demie.

Dès lors, la 1re compagnie est tirée d'affaire. Nos blessés et nos morts peuvent enfin être transportés à l'ambulance, sous la protection des renforts. L'ennemi renonce à la lutte. Des balles miaulent bien encore, au dessus des orges ; mais il n'ose plus avancer ; et quelques obus à la mélinite, éclatent, en tourbillons de fumée jaunâtre, dans le petit jardin enclos de cactus où s'abritent encore les derniers tireurs Beni-Hakem, et les réduisent enfin au silence... en les mettant en pièces.

L'arrière-garde n'avait pas été seule à soutenir un combat acharné ; pendant qu'elle contenait son tenace adversaire, de nombreux contingents de fantassins et de cavaliers, débordant l'aile droite du détachement, attaquaient furieusement son gros. De ce côté, nos deux canons et les mitrailleuses durent faire rage pour maîtriser l'ennemi, assez audacieux, à un moment, pour tenter de charger sur nos pièces. (Je crois ce fait unique, jusqu'à présent). Des obus percutants arrêtèrent cet élan courageux à trois cents mètres. Pour corser encore la situation, un groupe important de nos « alliés », posté sur notre flanc gauche, jugeait opportun de faire subitement feu sur le gros, dont ils escomptaient la défaite. Quelques obus, immédiatement dirigés sur ces traîtres, bien en vue sur un mamelon, firent chèrement expier la perfidie des Aït-Bouguimel, et leur caïd resta au nombre des morts (la justice immanente ??)

Les derniers coups de feu tirés, le détachement

rassemblé resta en place pendant une heure encore, pour affirmer notre possession du terrain. Puis, le retour au poste s'effectua sans incidents, par une chaleur accablante.

La 1re compagnie payait chèrement sa gloire ! Sur quatre chefs de section, trois étaient hors de combat. En outre, un caporal était tué, un sergent et un caporal très grièvement atteints. Neuf de ces vaillants gradés ou chasseurs ne répondirent pas à l'appel. Quatorze autres étaient blessés. Les pertes atteignaient donc le quart de l'effectif engagé.

Le sergent Aurensan, de la 5e compagnie, avait trouvé aussi une mort glorieuse, à la tête de ses hommes. Deux tirailleurs du 3e régiment étaient, en outre, mortellement blessés.

Au cours du combat, l'énergique lieutenant C..., du service des renseignements du poste, avait eu son cheval tué sous lui par un fantassin embusqué dans les orges, et avec lequel mon ami échangea plusieurs coups de carabine. Cette fois encore, les Beni-Hakem n'avaient pas eu raison de l'intrépide officier....

A son tour, si impatiemment attendu par tous, la courageuse compagnie avait fait d'éclatantes preuves. Gradés et chasseurs avaient vaillamment lutté.

L'énergique attitude des « Joyeux » avait (je l'appris par la suite de Marocains amis) étonné notre adversaire. Fièrement, il venaient de justifier leur originale devise : « *Mauvaise tête, mais bon cœur !* »

CHAPITRE XIV

Quelques considérations sur la tactique des Berbères.

Cette rude affaire de Touidjine, dans laquelle les Beni-Hakem ont montré tant de mordant et de courage fanatique, a fait ressortir aussi leur habileté surprenante à utiliser le terrain, leur adresse de tireurs, et leur indéniable sens tactique.

Comme tous les Berbères (de semblables constatations ont d'ailleurs été faites au cours de toutes nos expéditions coloniales), ils ne résistent pas jusqu'au bout à une attaque vigoureusement menée de front, combinée avec un mouvement sur leurs flancs, et ils n'attendent pas l'abordage à la baïonnette.

Plusieurs combats, dont celui du 9 mars, ont mis le fait en évidence.

Ici, comme partout, une offensive énergique impose la volonté de l'assaillant. *Les règles de la tactique sont éternelles.* C'est aux hommes qui ont le plus de « cran », comme disent les légionnaires, qu'appartient le succès, dans le bled marocain comme sur les champs de bataille de Thrace et de Macédoine !

Mais, par contre, avec quelle farouche résolution, quelle sauvage énergie, quelle habileté, ces infatigables montagnards ne profitent-ils pas du terrain difficile, pour se rapprocher de l'arrière-garde et des flancs d'une colonne qui se replie, ou de ses convois, si vulnérables, en raison même de leur longueur, sur des pistes à peine praticables le plus souvent? Avec quelle opiniâtre ténacité ne harcèlent-ils pas, en tentant de les déborder, ces longues théories de mulets lourdement chargés, protégés, il est vrai, par des échelons d'infanterie, qui manœuvrent difficilement sur un terrain impossible! Là, chaque accident du sol est familier à ces fantassins merveilleux, à ces cavaliers galopant à travers les rochers, sans ralentir, quelles que soient les pentes, l'allure de leurs chevaux nerveux et infatigables!

Oui, c'est quand les colonnes s'en retournent, que le danger commence. Malheur à qui resterait en arrière!

C'est, d'ailleurs, dans ces durs combats d'arrière-garde ou de défense des convois que nos admirables soldats d'Afrique donnent la pleine mesure de leur calme courage et de leur souriante crânerie. C'est ici que s'affirme la camaraderie des trois armes! fantassins alertes, pitonnant en faisant le coup de feu, attentifs à dépister l'approche insidieuse de l'ennemi, spahis et chasseurs d'Afrique, galopant sur les flancs, artilleurs, se mettant en batterie ou rechargeant leurs mulets sous une grêle de balles ; tout ce monde, échangeant des lazzis, à la française, fait de la bonne et fière besogne, affirmant, aux yeux surpris de nos farouches adversaires, la supériorité d'un moral que rien ne saurait ébranler ! Les magnifiques troupes ! Vieux soldats de Bugeaud et de Lamoricière, du Soudan et du Tonkin, vos cadets sont dignes de vous ! Ils ont, à votre exemple, le sourire gouailleur aux lèvres pour défier la mort, l'audace qui permet de tout oser, la foi en leur jeune force et en des chefs au cœur bien trempé !

Sur ce sol marocain, où, chaque jour, un fait d'armes nouveau démontre leur mérite, nos troupes ont, dès le premier jour, trouvé des adversaires dignes d'elles. Nos ennemis sont redoutables. Bien armés, abondamment pourvus de munitions, courageux à l'excès, favorisés, en outre, par la nature du pays, généralement difficile, les Marocains offrent à nos colonnes une résistance constamment énergique. Leur ténacité ne désarme pas devant un échec. C'est en vain que dans chaque combat, des centaines de guerriers tombent sous nos coups. Le lendemain, les harkas se reforment. D'autres ennemis, venus des douars lointains, accourent à l'appel des chefs de guerre, toujours renouvelés.

Pour mater d'aussi courageux guerriers, il faut de gros effectifs ; condition indispensable pour aller loin, et frapper ferme. Les petites colonnes ne peuvent obtenir que des résultats partiels. Leur puissance offensive est insuffisante. Que l'on songe, en effet, qu'une portion notable de l'effectif doit être affectée à la garde et à la défense des convois. (La colonne Brulard, formée le 8 mars à Maâziz, pour opérer pendant quatre jours seulement avec un effectif de 1.650 hommes, avait un convoi de plus de 400 mulets !). Or, ces convois sont forcément importants, puisqu'il faut emmener avec soi : vivres, orge, munitions, ambulances.

Il faut les encadrer solidement, en vue de leurs attaques par l'ennemi, toujours aux aguets. Il faut affecter du canon à leur défense, en le répartissant entre leurs divers éléments. Et cela démontre bien que, seules, les colonnes de fort effectif peuvent prétendre à obtenir des résultats durables. Ici, comme ailleurs, la victoire est aux gros bataillons. Avec eux, seulement, on peut manœuvrer, assurer la protection des convois, et former des détachements importants dont la marche rapide, non asservie à l'obligation de ne pas se séparer des approvisionnements de tout genre, permettra de poursuivre l'ennemi à outrance, et d'achever le succès des premiers combats.

Il convient ici de remarquer combien le Marocain est difficilement vulnérable dans ses biens. Plusieurs journées de marche, dans des régions extrêmement difficiles, séparent, en effet, les troupeaux, unique richesse de nos adversaires, des lieux où ils font tête à nos troupes. Les silos sont jalousement dissimulés. Pas de villages, ou peu. Dès lors, ce n'est qu'en manœuvrant énergiquement et vite qu'on peut les acculer à la nécessité de se soumettre ou d'être accablés. Or, notre ennemi présente le plus souvent des contingents nombreux à nos colonnes. Dès le premier coup de canon, des nuées d'ennemis accourent, de tous les ravins déserts et inhabités en apparence. Il faut donc du monde pour vaincre. Encore une fois, pour toutes ces raisons, de gros effectifs sont seuls capables d'obtenir des résultats sérieux. Opérer au loin avec de faibles colonnes, dans ce « bled » fertile en surprises, ce serait aller au devant du désastre. Toute notre histoire coloniale est pleine, à ce sujet, d'incidents probants.

Le combat engagé, les Marocains prennent, sous le feu, des formations linéaires très diluées, chaque fantassin étant séparé de son voisin par un intervalle de plusieurs mètres. Ces lignes de tirailleurs, utilisant avec un admirable instinct les moindres accidents du sol, sont donc très peu vulnérables.

Nos ennemis n'ont pas été longs à reconnaître les inconvénients de se présenter en masses compactes devant nos canons et nos fusils. Et nous devons nous féliciter de ce que beaucoup emploient des munitions chargées en poudre noire. Si des flocons bleus ne révélaient, par endroits, la présence de ces fantassins avisés et tirant juste, les yeux les plus exercés ne sauraient découvrir les emplacements d'où ils font le coup de feu.

En terrain accidenté ou couvert, les feux de notre infanterie ont donc peu d'efficacité, sur un adversaire aussi « roublard ». J'en dirai autant de l'artillerie, bien qu'elle n'épargne ni sa peine, ni ses obus. Mais que sa présence est réconfortante pour les camarades ! Dès que le canon gronde, chacun a confiance. Et avec quel entrain endiablé elle change de positions, à toute allure ! avec quelle rapide précision elle envoie ses obus !

Au combat du 2 mai, nos braves camarades de l'artillerie coloniale effectuèrent *quatorze* mises en batterie successives, en une heure et demie. Il fallait dégager les camarades fantassins, et l'intervention aussi opportune que vigoureuse des « bigors » brisa net, à plusieurs reprises, l'élan farouche des Beni-Hakem. La voilà bien, la liaison des armes !

Les mitrailleuses paraissent appelées à jouer un rôle des plus importants au Maroc. L'indigène redoute le « moukhala mahboula » (le fusil fou), dont les décharges précipitées balaient largement les fronts et le terrain en arrière des lignes de feu. Certains m'ont avoué qu'ils ne craignaient ni le canon, ni le fusil, et que, seules les mitrailleuses leur inspiraient du respect.

Pour en finir avec le canon, je rapporterai ici l'opinion que le canon de 65 (pièce de montagne) est trop délicat ; sa mise en batterie est trop lente. De plus, il ne peut se traîner, sur roues, qu'en terrain bien uni. Sa puissance meurtrière serait médiocre. Aussi de nombreux camarades regrettent-ils là-bas le robuste canon de 80, rustique et facile à servir (au point que les tirailleurs indigènes en apprennent rapidement la manœuvre et le tir), passant partout, et plus puissant aussi que son rapide, mais exigeant successeur... Encore une fois, je ne suis qu'un profane, en la matière délicate que je viens d'effleurer !

J'ai déjà dit que les Marocains tirent bien. A partir de 600-700 mètres, leur feu, *remarquablement* ajusté, est très dangereux.

Nous ne tirons guère mieux qu'eux. Qui l'eût cru ? Nos troupes blanches utilisent judicieusement le fusil. Il n'y a pas de consommation exagérée de cartouches. Mais, chez nos tirailleurs algériens, en particulier, le feu dégénère vite en « fantasia ». A ce jeu, 120 cartouches sont rapidement brûlées ! C'est là le seul défaut de cette magnifique troupe, si pleine d'allant et de cœur. N'oublions pas, pour être au complet, leur tendance à resserrer, sous le feu, les intervalles entre hommes déployés. C'est plus fort qu'eux ! l'instinct les ramène au « coude à coude », en dépit des objurgations des serre-files. Mais, sur ce point, les camarades des autres troupes sont également critiquables. Il y a là un danger réel, qui se traduit par des pertes plus élevées. Nous ne ferons jamais trop travailler nos hommes, en temps de paix, pour leur inculquer ces deux principes fondamentaux d'une bonne infanterie « tirer juste, en ménageant les munitions pour les instants propices — conserver les intervalles prescrits et ne pas se pelotonner, sous le feu ». Le reste n'est rien, car nos gars ont du cœur au ventre, l'œil clair et le jarret trempé. Et tout cela n'est pas de trop contre le Marocain.

CHAPITRE XV

Les funérailles des braves « Joyeux ». — La mort du lieutenant Mascarat. — Officiers et ordonnance.

Le trois mai, dans l'après-midi, toute la garnison du poste prend les armes, pour accompagner au petit cimetière nos glorieux morts de la veille. « Joyeux », artilleurs, tirailleurs et chasseurs d'Afrique ont confectionné des couronnes et des croix de feuillage et de laurier-rose. Les cercueils, drapés aux couleurs de France, sont placés sur des arabas décorées de fleurs. Les officiers conduisent le deuil. Nous sommes, n'est-il pas vrai ? la famille. Dans la compagnie, parmi ces humbles soldats morts au Devoir, ne s'en trouve-t-il pas, même, qui n'ont jamais connu leurs parents, et qu'une mère ne pleurera pas, ignorant la glorieuse fin du fils jadis abandonné ?

Au cimetière, les troupes forment le carré autour des tombes fraîchement creusées. « Joyeux » aux faces imberbes, la physionomie recueillie sous le casque blanc ; tirailleurs bronzés ; chasseurs d'Afrique, artilleurs coloniaux familiers des lointaines brousses ; goumiers marocains à l'air grave, tous sont là, en armes, les cartouchières garnies. Les « mercantis » du souk sont là aussi.

Le Commandant et moi, nous disons un dernier adieu à nos braves soldats. Puis, un commandement bref. Une sonnerie éclate, « au Drapeau ! ». Un frisson convulse toutes ces faces énergiques de soldats. Dans le silence qui suit la vibrante sonnerie, c'est une émotion poignante. Puis, lentement, chacun défile devant les fosses béantes, et verse, d'un geste pieusement fraternel, un peu de terre sur les cercueils de nos pauvres amis...

Silencieux, nous rentrons au camp. Autour du cimetière, la vie éclate. Des fleurs, de la verdure, des chants d'oiseaux partout. Et, très haut, le drapeau du poste claque au vent du soir. Les regards clairs de mes jeunes hommes ne le fixeront plus, à l'heure où le clairon de garde lancera vers lui le refrain recueilli du salut aux couleurs ; mais nous, qui restons ici à sa garde, nous songerons à leur exemple, car c'est un peu de leur âme qui désormais, gonflera ses plis !

Le lieutenant Mascarat, bravant sa souffrance, a tenu, malgré sa blessure, à venir lui aussi au cimetière. Un pansement entoure son visage énergique. Tout nous laisse espérer que le vaillant officier sera bientôt guéri. Et j'ai eu, ce soir, la joie de le voir proposé pour la croix de chevalier de la

Légion d'honneur. Jamais décoration n'aura été plus noblement gagnée. Dans notre modeste popote dûe à son industrieuse habileté, que de rêves d'avenir n'avons nous fait ensemble ! Et que de bons moments aussi, nous y avons passés, lorsque ce charmant camarade nous racontait, avec sa verve toulousaine, ces bonnes histoires que n'eût pas désavouées son compatriote Cyrano ! Avec un moral pareil, il se tirera de ce mauvais pas.

Cinq mai. — La blessure de mon ami est très grave. Le mal se révèle. Les médecins sont inquiets. Il est parti ce matin, pour Tiflet, avec les autres blessés. En l'embrassant, alors que la civière sur laquelle il est étendu, était placée sur l'araba qui l'emporte, j'ai eu un pressentiment. Je ne le reverrai plus!

Dix-sept mai. — L'état du pauvre officier est désespéré. On l'a trépané à deux reprises.

Vingt-et-un mai, 9 heures du soir. — Le brave lieutenant vient de mourir. Quelques instants avant qu'il rendit l'âme, le général Lyautey l'a décoré.

Vingt-deux mai. — Tiflet. Les funérailles ont eu lieu aujourd'hui ici ,en présence des officiers de Maâziz.

Le chasseur Goudesone, ordonnance de Mascarat, qui a été, lui aussi, très grièvement blessé le 2 mai, est dans un état désespéré, à l'hôpital de

Rabat. C'était l'ami de son officier, auquel il témoignait un dévouement aveugle.

Qui donc parle de supprimer les ordonnances ? C'est bien mal connaître et l'officier et le soldat ! N'y a-t-il pas, dans ce double sacrifice du lieutenant et de son fidèle compagnon de bivouac ou de combat, l'affirmation éclatante de cette solidarité — jusqu'à la mort ! — qui est l'âme même de l'armée ?

CHAPITRE XVI

Mes derniers jours à Maâziz. — Embuscades. — Encore les rôdeurs de nuit. — Nécessité des projecteurs.

Depuis le deux mai, peu d'incidents marquent notre existence au camp. Les travaux de construction continuent, par la chaleur déjà forte. Partout, de petites maisons s'élèvent, artilleurs, tirailleurs et chasseurs d'Afrique rivalisant d'ingéniosité. L'été qui vient sera moins dur à supporter que le dernier ; nous serons à l'ombre de baraques, et nul ne regrettera la tente ! Les « Joyeux » ont découvert une carrière de pierres tendres. Et d'habiles sculpteurs cisèlent, dans les moëllons, des sujets et attributs guerriers, qui orneront la façade des maisonnettes en construction. Ainsi se trouve renouée, à l'autre extrémité de l'Afrique romaine, la tradition de l'orgueilleuse IIIe Légion Auguste. Après Lambèse et Timgad, Maâziz. L'histoire n'est (on l'a dit) qu'un éternel recommencement, et le Génie latin revit, après d'aussi longs siècles, sur ce sol où nous devions, fatalement, venir.

Je suis chargé de la direction générale des travaux. Mineurs, carriers, chaufourniers, briquetiers, maçons et charpentiers travaillent sous mes ordres. Gardien vigilant des matériaux, je dois me méfier des rapts des camarades. C'est, entre eux, une véritable conspiration, pour me «chiper» « ma chaux », « mes pierres ». Et leur astuce a souvent raison des précautions les plus minutieuses...

Tous ces travaux sont fréquemment interrompus par des alertes. L'ennemi n'a pas désarmé. Ses coureurs sont sans cesse aux aguets, et, pour ne pas changer, peu de nuits se passent, sans que quelque coup de feu éclate, dans le silence.

Les corvées extérieures se font en armes, bien entendu. Une cinquantaine d'hommes coupent du bois dans la rivière, pour chauffer les fours. L'endroit est touffu, broussailleux, propice aux embuscades. Aussi, une section d'infanterie monte-t-elle la garde pendant que la corvée travaille. Et la précaution n'est pas superflue !

Le 25 mai, de grand matin, une dizaine de rôdeurs ennemis sont venus s'embusquer dans le tamaris de l'oued, guettant l'arrivée de la corvée. Mais ils n'ont sans doute pas osé l'attaquer, car soudain, une fusillade nourrie éclate, dans l'oued plus au Nord. Que s'est-il passé ? Les rôdeurs voyant arriver une patrouille commandée par l'officier du service des renseignements (la bête noire de nos aimables voisins) ont jugé l'occasion bonne. Blottis dans les fourrés, ils ont ouvert le feu à courte distance sur le petit groupe, blessant mortellement un de nos partisans. Les goumiers ont vigoureusement riposté. Et un de leurs agresseurs a été pris vivant, les armes à la main.

Voici les goumiers qui reviennent. A leur tête, leur brave chef, le lieutenant C..., souriant et calme. Les bandits ont manqué leur coup ! Le goumier blessé expire peu de temps après. Je vais à son douar, situé très près du camp. Les femmes, groupées, en cercle devant sa tente, poussent des hurlements stridents, en s'égratignant le visage. Assis autour du cadavre, ses fils et ses parents marmottent la prière des morts, ne s'interrompant que pour attester Dieu qu'ils sauront se venger des Beni-Hakem, leurs ennemis et les nôtres !

Le soir, on enterre notre fidèle partisan, au pied des beaux « betoums » (jujubiers) qui ombragent le cimetière musulman. Tous les officiers assistent aux obsèques. Et cela semble étonner un peu nos amis. La mort violente est chose si naturelle en ce pays ! Note pittoresque : tout le cortège est armé, et c'est le fusil entre les jambes que les parents du mort, accroupis autour de la tombe, récitent la « fatha » (Il n'y a de Dieu que Dieu, et Mohammed est son prophète !).

Quant au prisonnier, son sort a été vite réglé.

L'officier de renseignements l'a interrogé. Il a tout avoué. Ses compagnons sont les plus redoutables bandits de la région (le lieutenant les connaît bien). Pour lui, il marchait avec eux, mais en curieux seulement. Il le jure. Qu'Allah sèche à l'instant son bras, s'il ne dit pas la vérité !

Ces protestations, faites sur le ton le plus persuasif (notre prisonnier n'en est évidemment pas à son premier mensonge), ne sauraient le soustraire à son destin. Le lendemain, dans la paix ensoleillée de cette claire matinée de printemps, quatre détonations ont claqué. Le cadavre est resté sur place, toute la journée, en exemple.

Nous avons eu beaucoup de peine à empêcher les femmes du douar du mort d'aller déchiqueter son cadavre. Elles l'eûssent, avec une joie féroce, mis en pièces, de leurs ongles. Dans ces régions, les femmes, d'un naturel plutôt avenant pendant la paix, sont de véritables furies, dès que leurs instincts sanguinaires s'exaspèrent par la mort de leurs maris ou de leurs enfants.

Pendant le combat (si l'action a lieu près des douars), elles encouragent par leurs cris stridents l'ardeur des guerriers. Mes camarades de la colonne de Fez n'oublieront jamais les clameurs aiguës de ces mégères, dominant, lors de l'attaque de nuit du camp de Lalla-Ito, les détonations des Lebel et des Winchester. Rappelons encore que, lors des massacres de Fez (avril 1912), ces émules de nos tricoteuses du Temple rivalisèrent d'acharnement pour mutiler les blessés et les morts, dénonçant aux coups des émeutiers ceux de nos infortunés camarades qui tentaient de s'enfuir par les terrasses des maisons.

Comme le faisait remarquer un camarade, ce n'est pas encore demain que ces aimables femmes s'enrôleront dans les rangs de la Croix-Rouge !

Pendant les dernières semaines de mon séjour au poste, j'eus l'occasion d'assister encore à une alerte de nuit survenue vers onze heures, alors qu'avec deux de mes camarades, j'arpentais en devisant, la rue principale du camp, endormi sous un merveilleux clair de lune. Le bled était calme. Les feux des campements alliés, voisins du camp, étaient éteints. Les chiens n'aboyaient plus. Soudain, une fusillade nourrie éclata, d'une colline située à 200 mètres à peine au Nord du poste. Aussitôt, les petits postes voisins d'ouvrir le feu, et les goumiers de sauter sur leur fusil Gras, dont les détonations sourdes répondent — au hasard — au claquement sec des carabines ennemies.

Le douar voisin a pris aussi les armes. Les femmes hurlent, les chiens aboient furieusement. Des balles sifflent et miaulent, au-dessus de nos têtes. Il y en a de l'ennemi... et des goumiers aussi.

Dans le camp on est aux postes de combat. Tout le monde est très calme, silencieux. Comme tout n'est vraiment qu'affaire d'habitude !

Un coup de canon, tiré dans la direction de la fusillade ennemie, fait décamper nos importuns visiteurs. Fidèles à leur habitude, ils éprouvent toutefois le besoin de recharger une dernière fois leurs armes dans la direction du camp, tout en regagnant leurs douars lointains. « Bon voyage ! » « au revoir ! » gouaillent les « Joyeux », tandis que mes voisins, les tirailleurs, regagnant leurs tentes, couvrent de malédictions imagées ces « crapules » qui viennent ainsi troubler leur sommeil.

Le lendemain matin, nous sommes fixés. C'est encore un coup de main des Beni-Hakem sur le douar de notre allié. Ils ont juré sa perte. En voilà un qui ne partira pas de sitôt en dissidence ! Mais peut-on jurer de rien, dans ce bled ?

Au gré de mes souvenirs, je me reporte à une alerte de nuit qui nous tint en éveil pendant quelques instants, peu de temps après notre arrivée à Maâziz.

Un convoi libre nous avait amené, la veille, un troupeau de bœufs, destinés au poste. Faute de place dans le parc à bestiaux, ces animaux furent parqués à l'extérieur, sous la surveillance de leurs bergers indigènes. Dans la nuit suivante, un coup de feu éclate. Je vais aux nouvelles. Une sentinelle, très émue, m'expose qu' « une troupe de cavaliers, marchant à vive allure, vient de s'arrêter, à peu de distance ».

Effectivement, on entend piétiner. La nuit est absolument noire. Il est bien surprenant que des cavaliers, même familiarisés avec le terrain des abords du poste, puissent « galoper » ainsi dans la nuit, au travers des jujubiers épineux qui hérissent la pente suspecte... N'importe ! ce silence est un peu angoissant... Une patrouille sort du camp. A peine a-t-elle fait vingt mètres, qu'elle tombe sur le troupeau de bœufs, paissant à l'aventure. Ses bergers, endormis — comme par hasard — sont réveillés un peu... rudement ; et chacun retourne se coucher.

La nuit, les yeux les plus perçants voient mal ; les objets prennent des formes fantastiques. On les *voit* remuer. Il est donc de toute nécessité de doubler toujours les sentinelles, et d'avoir, en permanence, un service de quart, pour contrôler ces sentinelles ,et leur inspirer, au besoin, calme et confiance. Avec des troupes indigènes, en particulier, il faut redoubler de vigilance et de calme ; car les tirailleurs, si courageux, sont superstitieux, et, la nuit, ils voient des génies (djinns) partout.

Et ceci m'amène à formuler le vœu que des projecteurs soient mis à la disposition de tous les commandants de colonnes et des chefs de poste du Maroc. Je les considère comme absolument indispensables, aussi bien au bivouac d'une troupe en marche que dans les camps permanents. Leur emploi économisera des vies humaines, en annihilant les velléités de surprise de nos astucieux adversaires. Il permettra aussi de diminuer la fatigue des troupes, en dispensant de placer certains postes — qui ne voient d'ailleurs rien — sur des points d'où l'ennemi pourrait tirer sur les camps.

Il faut, pour cela, des appareils portatifs, rustiques, d'un entretien facile, d'un maniement aisé, et d'un emploi immédiat, en cas de besoin.

Ils existent. Et je fais l'ardent souhait que les efforts généreux de mon ancien capitaine et ami, le commandant de Choulot, reçoivent à bref délai complète réalisation. Les expériences qu'il poursuit actuellement au Maroc occidental sont, paraît-il, pleinement concluantes. Et bientôt, si ce vœu se réalise, nos troupiers pourront dormir tranquilles. A la moindre alerte, les faisceaux lumineux du projecteur fouilleront au loin les replis mystérieux du terrain si propice aux embûches, et nos balles, justement dirigées, toujours grâce au projecteur tutélaire, iront briser l'élan de l'ennemi déconcerté.

A mon sens, nous ne faisons pas, au Maroc, une

application assez large des moyens scientifiques dont disposent actuellement les armées. Il faut supprimer partout la télégraphie ordinaire, la remplacer par la T. S. F. Il faut, aussi, munir les postes d'appareils électriques permettant de disposer des fougasses et des fourneaux de mines aux endroits dangereux ; il convient encore que nos hardis aviateurs usent *largement* de bombes, contre un ennemi qui ne mérite point d'égards. Il est désirable, en un mot, que nos troupes bénéficient de tous les progrès de la science militaire.

Dix juin. — Le poste vient d'être pourvu d'un appareil de télégraphie sans fil. Nos amis des douars voisins considèrent avec intérêt l'installation de la haute antenne. Je leur explique que grâce à cet appareil, nous pouvons communiquer à distance, en bravant l'ennemi qui ne peut plus, désormais, couper les fils ni enlever les poteaux. Les explosions du moteur les intriguent aussi. Mais ils ne paraissent pas autrement étonnés, et je crois même lire de l'incrédulité, dans leurs yeux malins.

Les « Joyeux » viennent de trouver une distraction profitable. L'ordre vient de nous parvenir de détruire les rats qui pullulent dans les camps. Sage précaution contre la peste qui sévit depuis plusieurs mois déjà dans la région des Doukkala.

Une rétribution d'un sou est accordée, pour chaque cadavre de rat présenté. C'est, dès lors, une chasse effrénée aux rongeurs. Chacun rivalise d'ingéniosité, pour en capturer davantage. Un de mes voisins, des tirailleurs, fait encore mieux. Il a des relations suivies avec des indigènes d'à côté... il en fait ses fournisseurs de mulots et campagnols. Il réalise ainsi d'appréciables bénéfices.

Ce sport nouveau de la chasse aux rats ne fait pas négliger le dressage des pies, que nos « Joyeux » apprivoisent en grand nombre, ni abandonner la pêche à la ligne, distraction préférée des heures libres.

Les tirailleurs ont élevé un aiglon. Il vole maintenant de tente en tente, se perchant sur le haut.

Le *quinze juin*, alerte, en plein midi. Nos incorrigibles voisins, les Beni-Hakem, tentent un coup de main contre nos alliés, qui moissonnent à portée de fusil de nos retranchements. Sans que rien ait permis de soupçonner leurs desseins, les voilà qui apparaissent tout à coup sur la crête, en face du poste, et qui descendent, par petits groupes espacés, les pentes rougeâtres bordant au sud la rive gauche de l'oued Tanoubert. Mais les yeux perçants de nos alliés les ont vus ! chacun de sauter sur son fusil, toujours à portée de la main, et voilà la bataille engagée, tandis que, des campements voisins, cavaliers et fantassins amis accourent à la rescousse !

La fusillade crépite. Une compagnie de tirailleurs sort du camp, et va prendre une position qui lui permettra de secourir nos alliés. Une pièce de 75 est amenée à bras. Avec quel cœur chacun pousse aux roues !

L'infatigable lieutenant Compain a vite fait de sauter à cheval ! Ses goumiers, galopant à toute allure, traversent la rivière, et gravissent les pentes, en échangeant des coups de feu avec l'ennemi, à courte distance.

Nous autres, prêts à toute éventualité, nous regardons la scène, des tranchées.

Quelques obus, envoyés avec son brio habituel par le camarade colonial, éclatent au-dessus de la crête où grouille l'ennemi. L'effet est radical. La fusillade s'éteint. Les Beni-Hakem reprennent le chemin de leurs campements, cachés, là-bas, au creux des ravins abrupts ; et les moissonneurs, reprenant leurs primitives faucilles, s'en retournent faucher les épis, les beaux épis dorés que, grâce aux Français, l'ennemi n'emportera pas !

En somme, le séjour, dans ce poste perdu, ne manque, on le voit, ni d'imprévu, ni d'émotions diverses.

CHAPITRE XVII

Quelques mots sur le service des renseignements. — Les autres services. — La camaraderie des gens du bled. — La « giberne ».

J'ai déjà eu l'occasion de parler, à plusieurs reprises, du service des renseignements. Dans ce récit, où je me suis astreint à dire, et uniquement, ce que j'ai vu, se place, tout naturellement, l'occasion d'attester que les officiers chargés de ce service pénible autant que délicat remplissent une tâche indispensable et féconde en heureux résultats. Service pénible, ai-je dit. L'officier de renseignements ne connaît guère de loisirs, en effet.

Palabres incessants avec les chefs des tribus amies, dont il faut déjouer les ruses et pressentir les secrets desseins, ces malins-là mentant « même quand ils disent la vérité » ; discussions longues et âpres avec les délégués des douars hostiles, venus en « miad » (1) négocier leur soumission, et argumentant avec une ténacité subtile renforcée d'une mauvaise foi légendaire ;

---

(1) « Miad », ambassade, délégation.

entretiens de jour et de nuit, avec les émissaires et les espions, tous gens sujets à caution, évidemment enclins à exagérer l'importance de leurs renseignements, dans l'espoir d'une récompense en beaux « douros » sonnant clair ; prise de renseignements les plus divers, sur la géographie du pays, ses ressources de tout genre, sur la situation politique, les relations des tribus entre elles, leurs alliances, leurs ennemis, leurs chefs et notables, l'emplacement des silos, des marchés, des terrains de culture, le nombre des troupeaux etc., etc..., absorbent constamment cet officier.

J'ai dit aussi : service délicat. Quelle patience constante et quel tact ne lui faut-il pas déployer !

Comme ses coreligionnaires de l'Est, le Marocain est beau parleur. Le berger le plus fruste sait exposer sa cause avec une persuasion et une abondance d'arguments — bons ou mauvais — que pourraient lui envier nombre de nos paysans.

Dès lors, qu'un de ces rustres vienne, à la « chekaïa » (1), s'adresser à' la justice du chef. Il faut, sans se lasser, écouter ses interminables doléances, éviter de blesser sa susceptibilité ombrageuse, entendre avec la même patience les objections irritées de ses contradicteurs ; rester impassible devant les vociférations réciproques

---

(1) « Chekaïa », audience où sont présentées les réclamations.

et les invectives que se prodiguent ces butors malodorants. Puis, ayant discerné le vrai du faux — (tâche souvent fort malaisée) — au milieu de tant d'affirmations solennelles et de faux serments proférés sans broncher par ces professionnels du parjure, l'officier devra leur imposer, par son calme, la décision sans appel devant laquelle tous s'inclineront.

Là ne se borne pas encore la mission de l'officier de renseignements. Si une reconnaissance ou une colonne opère dans sa région, il marchera en avant de tous, avec ses guides. A lui, les premiers coups de Winchester !

Après la préparation minutieuse de l'itinéraire, la réussite de l'action engagée dépend maintenant de sa sagacité.

C'est lui, en effet, qui documentera le chef sur les caïds venus vers son fanion pour implorer l'« aman »; qui, par la sûreté de ses informations, étonnera ces finauds en apparence impassibles, leur démontrera, en un langage sans réplique, qu'aucun de leurs tours ne lui est inconnu, et leur signifiera, enfin, les décisions irrévocables du « hakem » (2).

Ce n'est pas tout. Dans les villes ou agglomérations occupées par nos troupes, c'est encore

---

(2) « Hakem », chef, commandant d'une troupe.

au service des renseignements qu'incombe le soin de créer, de toutes pièces, la vie municipale, succédant à l'anarchie qu'y entretenaient les originaux représentants du pouvoir (?) chérifien.

Bientôt, grâce à l'impulsion énergique et avisée des officiers, règnent l'ordre et la sécurité. Une autorité ordonnée, équitable et intègre, à laquelle les pachas et les notables musulmans et israélites sont conviés à s'associer, remplace le despotisme, l'arbitraire et la concussion traditionnels.

Un budget municipal fonctionne ; plus de ce pittoresque désordre, cher à une « administration » encline, et pour cause, à la simplification des écritures. Les services publics s'organisent, et les ruelles les plus étroites connaissent enfin, après des siècles, le balai municipal... La justice du cadi, elle-même, est moins fantaisiste, et les citadins, payés pour la connaître, ont fréquemment recours à la sentence arbitrale... et gratuite des officiers. Ainsi s'affirme l'œuvre civilisatrice, s'ouvrent les voies de progrès et de justice, que d'autres n'auront qu'à suivre, quand l'autorité militaire leur remettra les territoires ainsi préparés à une action définitive.

N'ai-je pas eu raison de dire que la besogne de nos camarades est ardue ? Elle est bien faite, en tous cas, pour tenter l'initiative et le dévouement de jeunes hommes, auxiliaires précieux autant qu'indispensables du commandement.

Plus favorisée en cela que d'autres nations voisines, la France possède, en Algérie-Tunisie, une pépinière d'officiers de renseignements, rompus par une expérience traditionnelle, au maniement des musulmans. C'est là un avantage précieux.

Sur cette terre marocaine, où tant de dévouements se prodiguent pour le Pays, tous les mérites sont égaux. Les camarades des autres services de l'armée devraient donc avoir leur place ici, aux côtés de ceux qui se battent par le bled, le pacifient et l'administrent. D'un constant labeur résulte, seul, le bien-être matériel qui atténue les fatigues des troupes et permet au chef de demander l'effort, en tout temps.

Pleine de mérite est la tâche de ceux qui assurent ce métier ingrat et ininterrompu. Que l'on s'imagine l'effort qu'ont dû fournir l'intendance et les services subordonnés pour approvisionner les 10.000 hommes de la colonne de Fez, sur une ligne d'étapes de plus de 250 kilomètres, avec le mauvais port de Casablanca comme unique base de ravitaillement, et des moyens de transport primitifs ! Que l'on songe aux difficultés que présente le ravitaillement en vivres, fourrages, matériel et munitions de tant de postes dispersés dans le bled, de tant de colonnes toujours en mouvement ou prêtes à marcher ; et on conviendra que sans le dévouement des différents services la tâche du commandement serait, souvent, inexécutable.

En cette occasion, d'ailleurs, comme en tant d'autres, la camaraderie aide à surmonter bien des obstacles. Ah ! cette fraternelle affection qui unit les officiers de l'armée d'Afrique ! quel secours précieux contre la nostalgie !

Moins disséminés qu'en France, les camarades des garnisons du bled se connaissent forcément bien mieux. La popote, le cercle les réunissent souvent ; ils y apprennent à s'apprécier ; une estime réciproque unit ces officiers de toutes armes et de tous services, isolés, loin de toute distraction, dans des bourgades au séjour sévère.

En campagne, la communauté des fatigues et du danger les rapproche encore davantage. Un même sentiment, celui du Devoir, groupe chefs et inférieurs, en une confiante affection.

Dès lors, le spleen n'est pas à redouter. Quelle prise aurait-il, sur ces âmes de gais compagnons ? Dans le poste le plus déshérité, au milieu du bled le plus sinistre, chaleur et fièvre n'auront pas raison de la « blague » française, vertu tutélaire des gens de la brousse. L' « astiquage de la giberne » entretient bon moral et gaîté.

Les amateurs ne manquent jamais. Qu'il soit du Nord ou du Midi (Gascons et Provençaux trouvent souvent leur maître, en cette gaie science), chacun a quelque « bonne histoire » à raconter. Elle n'est pas toujours inédite. Dame ! les « gibernards » sont si nombreux, le long des routes d'étapes ! mais qu'importe ?

Certains, passés maîtres en l'art subtil de forger des récits, en font de fréquentes éditions, considérablement « revues et augmentées ». Leur verve amusante n'est jamais à court. D'autres, moins bien doués, ont le monopole de certaines anecdotes, débitées en termes toujours identiques ; l'auditoire complaisant leur prête cependant la même attention amusée.

Il y a différentes sortes de « gibernes ». La moins intéressante — elle a cependant ses adeptes — s'alimente de faits d'ordre administratif...; passons... Celle qui conquiert tous les suffrages est évidemment documentée en récits « de haulte gresse » ; la tradition de Brantôme et de messire Rabelais revit, joyeuse, en ces galéjades truculentes et souvent risquées, qui déchaînent le rire, en chassant le souci. Autour des tables rustiques, sous la tente ou le gourbi de lauriers-roses, assis sur leur cantine, à la lueur falote des classiques photophores, quelles joyeuses veillées passent ainsi les gens du bled, lorsque le cri des chacals en chasse et les aboiements des chiens des douars lointains troublent seuls le silence du steppe endormi sous la lune !

« Nos aïeux, dit l'histoire, aimaient à discourir et à rire » ; la tradition n'est pas perdue.

Dans les bivouacs marocains, comme dans les postes perdus de nos colonies lointaines, résonne, clair, en défi à la mort sournoise, le rire gaulois « propre de l'homme » — et du soldat, ajouterai-je aussi !

CHAPITRE XVIII

Le retour. — Le camp de Tiflet. — La Mamora. —
Un convoi. — Médecins et infirmiers.

Le 25 juin, je quitte Maâziz, pour rentrer en Tunisie, je marche avec un convoi qui va à Tiflet. Les camarades m'accompagnent à cheval, pendant quelques kilomètres. A l'olivier de Zouïtina, nous nous séparons. Accolades fraternelles. Le cœur serré, je vois leur groupe s'éloigner dans la direction du camp. Dieu vous garde, amis au cœur généreux ! J'ai vécu, au milieu de vous, des heures gaies ou tristes, inoubliables. Et j'emporte de tous le souvenir le plus affectueux.

Un dernier regard là-bas, vers les crêtes bleues où mes chers compagnons de lutte versèrent leur sang. Un adieu passionné de mon cœur... ; en route, maintenant, dans la poussière des attelages, par les plateaux herbeux où, auprès des douars aux tentes brunes, paissent les troupeaux des Zemmours ralliés. Après le marabout de Sidi-Yahia, voici que miroitent au loin les toits de tôle ondulée du camp de Tiflet. Encore une chanson ou deux, lancées à pleine voix par les « Joyeux » de l'escorte du convoi ; nous sommes sous le poste, dont les hauts retranchements, creusés au rebord d'un plateau dominant la rivière, se renforcent d'imposants réseaux de fil de fer barbelé. A l'angle d'un bastion, surplombant la piste, une pièce de 75 allonge sa volée menaçante. Et, très haut, un pavillon tricolore flotte sur le camp.

Dans l'oued qui coule au pied du poste, je m'arrête un instant, pour laisser passer les attelages au gué. Ce coin verdoyant est plein d'animation. Le convoi de Rabat vient d'arriver. En longues files hennissantes,, chevaux et mulets, impatients, entrent dans le ruisseau, où ils boivent à longs traits. A côté, disposés le long des lauriers-roses, tirailleurs, artilleurs et « Joyeux » lavent leur linge ou font leurs ablutions, en s'interpellant bruyamment dans un langage... imagé. Des goumiers, ceinturés de cartouchières, abreuvent leurs chevaux efflanqués. Plus loin, un groupe de « Madame Sénégal » remonte en jacassant vers le camp. Elles portent sur la tête des calebasses pleines de linge. Tout nus, leurs cheveux crépus curieusement tressés, leurs négrillons au ventre bombé gambadent autour des chevaux, et, dans un gentil sourire, tendent la main aux officiers pour avoir des sous.

Des chameaux passent, lourdement chargés de caisses et de barils. Ils portent, vers l'avant, les approvisionnements des mercantis. Et, tanguant, allongeant leur cou pelé pour tondre, tout en marchant, une touffe d'herbe, ils s'éloignent, tandis que leurs conducteurs, le bâton passé en travers des épaules, activent leur marche par des cris gutturaux. Plus loin, un groupe de cavaliers marocains, droits en selle, leur visage énergique ombragé par un chapeau aux larges bords. Le fusil en travers de l'arçon, ils vont, graves, et nous saluent militairement. Ce sont un caïd, et les notables de son douar, se rendant au bureau arabe. Un sloughi jaune, les pattes rougies au henné, trotte derrière les chevaux, la queue basse, le regard oblique et défiant...

Un dernier coup de collier des attelages. La côte pénible est gravie. Nous voici au camp Des baraques, de construction récente, y alternent avec des rangées de tentes-marabout. Des approvisionnements importants sont rassemblés ici. Le train des équipages militaires y entretient de nombreux attelages. Une animation joyeuse remplit le camp. Partout, maçons, charpentiers et terrassiers sont à l'œuvre. « Joyeux », artilleurs coloniaux, sénégalais et tirailleurs algériens, chacun rivalise d'ingéniosité. Du définitif s'élève, l'occupation de ce sol s'affirme, ici aussi.

Le lendemain de mon arrivée ici, un convoi, venu de l'avant, amène de Fez, vers la côte, les cercueils de trois de nos camarades, massacrés là-bas en avril dernier. Le corps de mon pauvre ami, le lieutenant Cuny, est dans l'un d'eux. Vaillant officier, si jeune, si amoureux de ton métier de cavalier, les balles des guerriers de la Chaouïa t'avaient épargné par miracle, dans ce terrible combat des Rfakra, dont ta plume alerte me narra, jadis, les émouvantes péripéties !

Au passage de ces restes héroïques, la garnison du poste rend les honneurs. Puis, les arabas chargées des cercueils sont rangées au pied du drapeau, qui semble veiller sur le sommeil de ces braves. Un tirailleur sénégalais, monte la garde auprès, baïonnette au canon. Dans sa simplicité militaire, ce groupement symbolique est profondément empoignant...

Le surlendemain, je pars avec le convoi qui descend vers Rabat. Adieu, gentils camarades de Tiflet, si fraternellement accueillants !

Sous la chaude lumière, combien ce convoi est pittoresque ! Il y a de tout, dans cette longue file d'attelages, occupant par quatre voitures de front la largeur de la piste sablonneuse, où les roues enfoncent par endroits, jusqu'au moyeu. Un canon de 75, venant de Fez ; son bouclier porte la trace de nombreuses balles ; des arabas chargées de tonnelets vides, de caisses, de sacs ; des voitures d'ambulance, chargées de blessés ou de malades évacués sur l'arrière ; des chevaux et des mulets haut-le-pied, des chameaux grognant sous le bâton des sokhrars. Sur quelques voitures, s'entassent des femmes sénégalaises et leurs marmots. Dans le brouhaha des claquements de fouets, des jurons, des hennissements, **des cris des convoyeurs kabyles** tapant à bras raccourcis sur les patients mulets, la colonne avance péniblement dans le sable, précédée, suivie, et flanquée de spahis et de goumiers, encadrée en outre par des fractions d'infanterie. Les tenues les plus disparates se rencontrent là. Et quelle couleur ! Le soleil embellit tout ; les loques dont sont revêtus nos convoyeurs kabyles, routiers éternels dont les intempéries ont mis les vêtements en lambeaux, prennent elles-mêmes des airs d'oripeaux, violemment éclairés par ce magicien.

Hue ! dia ! hardi, les mulets ! aux passages difficiles, chacun pousse aux roues, en riant. De grosses plaisanteries stimulent l'effort. Dans le grincement des essieux, on avance quand même.

De nombreux chiens, de races indéfinissables, trottent entre les voitures et sur les flancs du convoi. Pendant les haltes, ils viennent sous les arabas, s'allonger en haletant à l'ombre. D'où sortent tous ces « kelbs » ? Mystère. Certains sont connus pour accompagner ainsi, d'étape en étape, tous les convois. Des chiens des douars, joyeusement surpris de trouver auprès des troupiers une nourriture assurée, abandonnent à jamais les tentes de poil. Et, quoiqu'on fasse, les camps en sont remplis. Ici comme en garnison, s'affirme la vérité de ce principe de psychologie militaire « le chien est l'ami du soldat ».

Des « mercantis » marchent aussi avec le convoi, juchés sur des chevaux étiques ou sur des ânes. Le fusil en bandoulière, tous ces Grecs, Espagnols ou Maltais, s'en vont à Rabat faire leurs approvisionnements.

Enfin, à l'arrière-garde, viennent, juchées sur des mulets et escortées d'un Espagnol, quatre ou cinq « hétaïres », revenant des camps de l'avant, où elles donnèrent aux troupiers, entre deux combats, quelques moments d'oubli. L'une d'elles, Juive de Tlemcen, grelotte de fièvre, sous l'amoncellement des couvertures. Et ses lourds bracelets d'argent tintent lugubrement à ses poignets amaigris... Quant à ses compagnes, joyeuses luronnes des douars lointains de la Chaouïa, elles chantent à tue-tête, de leur voix nasillarde, plaisantent avec les troupiers, et, riant de toutes leurs dents, me saluent militairement au moment où j'arrive auprès d'elles. Leur conducteur, grave et fier comme un grand d'Espagne, fume d'incessantes cigarettes, et méprise les quolibets des joviaux tringlots...

Et voici Camp-Monod, à la sortie du plateau

compagnie de « marsouins » y tient garnison, dans de confortables baraques de planches. Quelques bicoques de mercantis se groupent à peu de distance des retranchements. Sur l'une d'elles, une enseigne bariolée annonce un « hôtel ». Il faut notre acclimatement et nos goûts simples, pour tolérer ces repas de « table d'hôte », où la belle humeur et la philosophie désabusée des gens du bled suppléent à la qualité des ratatouilles remplies de mouches servies par des garçons aux figures de forçats !

Camp-Monod vient d'être aménagé en caravansérail : les convois sont en sûreté, protégés par d'importantes tranchées que renforcent des défenses accessoires .Les animaux et les convoyeurs sont à l'abri sous des hangars.

Jusqu'au moment où ces installations furent faites, le bivouac de Camp-Monod était constamment visité par des voleurs de chevaux. C'était réglé ! à chaque convoi, et malgré la vigilance la plus stricte, des animaux manquaient, le matin, lorsque, dans la clarté diffuse du jour levant, tringlots et convoyeurs se disposaient à atteler leurs voitures. En bons connaisseurs, les voleurs exerçaient de préférence leur choix sur les chevaux d'officiers ou de gradés. Cet âge d'or semble avoir pris fin... mais il ne faudrait pas jurer que ces malandrins ont renoncé à leurs tentatives ! ils sont là, guettant la moindre négligence ; et puis, la forêt de la Mamora est si proche ! A deux kilomètres seulement d'ici se dresse le rideau sombre de ses magnifiques massifs de chênes-liège.

Ses fourrés mystérieux sont à peu près purgés des coupeurs de routes qui y avaient établi leur quartier général, l'an dernier, et y recélaient les animaux volés à nos convois, ou les bestiaux enlevés aux tribus ralliées, au cours des innombrables coups de main auxquels leurs bandes insaisissables se livraient. Il a fallu plusieurs opérations de police, et plusieurs combats, pour chasser tous ces mauvais sujets de leur repaire traditionnel.

Il serait cependant imprudent de s'aventurer encore seul sous les épais ombrages de cette forêt; on risquerait, en effet, d'y faire quelque désagréable rencontre. Aujourd'hui même, des goumiers en patrouille ont échangé des coups de feu, à la lisière du bois, avec des Zemmours dissidents, qui rôdaient en quête de mauvais coups à tenter sur les isolés. Un de ces « fripouillards » a été tué. On vient de ramener au camp son cadavre, jeté en travers d'un mulet. A chaque pas, la tête rasée du bandit — un tout jeune homme bien découplé, — ballottant de droite et de gauche, vient frapper avec un bruit sourd, le flanc de l'animal, que mène par la bride le tout jeune garçon d'un goumier.

Au passage du cadavre, les troupiers, qui flânent par les rues du camp, lui décochent des épithètes... réalistes.

Deux marocains, munis de pelles, vont enterrer le Zemmour, là-bas, au pied de la Koubba du vénéré Sidi-Ali-el-Bahraoui, qui dresse son dôme blanc au-dessus des aloès poussiéreux. Les yeux fixes, le cadavre s'en va, vers la terre sainte. « Qu'Allah lui pardonne ! » murmure auprès de moi un vieux caïd. Et ce sera toute l'oraison funèbre du brigand. Ce soir ou demain, ses compagnons apprendront sa mort aux vieux, restés au douar perdu dans quelque ravin fauve. « Mektoub » (c'était écrit), diront-ils simplement, en gens blasés, par une longue expérience, sur la fragilité de la vie humaine et les risques de cette existence de brigandage...

Le soir est descendu. Les feux de bivouac s'éteignent ; là-bas, au poste, un clairon de marsouins a modulé sur son instrument (en fantaisie, naturellement) l'extinction des feux, agrémentée d'une variation sur la Dame Blanche... Tout se tait ; endormons-nous, sous nos tentes de nomades, au bruit des chaînes des mulets qui tapent du pied, à leur corde... Le lendemain, de grand matin, on attelle le convoi. Et en route, après avoir absorbé le café. Un peu gras, ce breuvage ; dame ! on l'a réchauffé dans une gamelle...

12.

quelques grains y nagent bien aussi (le tirailleur qui m'en a offert un quart, avec son bon sourire confiant, les a écrasés avec la crosse de son fusil, faute de moulin). N'importe ! cela réchauffe tout de même.

La route empiète à certains endroits sur la forêt. Des perdrix s'envolent, surprises. Il paraît que le gibier abonde, par ici. Et voici que, soudain, se dresse sur l'horizon une masse blanche, que dominent de hauts minarets. C'est Rabat. De grands jardins lui font une ceinture verte. Bientôt, Salé apparaît, en face, tapie sur la dune de sable. Encore quelques tours de roue, et le convoi arrive sur les bords de l'oued-Bou-Regreg, qui traîne ses eaux sales, aux pieds des remparts de Rabat.

Sur les fortifications de Salé, de vieux canons de bronze, que ronge la rouille, allongent leur gueule à jamais muette aux créneaux délabrés ; au pied des hautes murailles barbaresques, s'élève comme un village de planches, assemblage symétrique de baraques couvertes en tôle ondulée. Quelques unités d'infanterie sont logées ici. Plus loin, devant les casernements du train, d'innombrables arabas dételées s'alignent au parc, dans la poussière que soulèvent les colonnes de mulets allant aux abreuvoirs. C'est l'heure de la soupe. Par ces rues ensablées du camp, c'est une animation joyeuse et bigarrée, le long des échoppes de mercantis où se porte la foule désœuvrée et bruyante des troupiers. Le convoi se disloque ici. Au bord de l'oued Bou-Regreg, des barques que montent des bateliers marocains à la solde française attendent les blessés et les malades, pour les transporter à Rabat. Les civières en place, les barques s'éloignent lentement. Ces pauvres diables, secoués pendant ces longues étapes, à tous les cahots des arabas plutôt mal suspendues et des voitures d'ambulance vont trouver à l'hôpital bien pourvu et confortablement aménagé de Rabat, le calme repos auquel ils ont tant aspiré ; l'air marin, aux salubres effluves, va vite remettre ces fiévreux, qu'éprouvèrent les fatigues des colonnes et le séjour dans nos postes de l'avant. Les soins de nos admirables Dames de France feront aussi des miracles, concurremment à ceux des médecins.

Ici comme partout, de quel dévouement inlassable ces derniers n'entourent-ils pas nos soldats ! Il faut les avoir vus à l'œuvre, dans des postes où l'installation du début manquait forcément à peu près de tout, pour pouvoir juger de l'abnégation et de la charité de ces hommes de cœur. Leur ingéniosité sait faire des merveilles. Manque-t-on de baignoires pour les typhoïdiques ? on baignera quand même les fiévreux dans des caisses doublées avec des bâches de voitures. L'eau n'est-elle pas potable ? des filtres de fortune sont vite aménagés... Indifférents à leur propre fatigue, ne connaissant pas de repos, médecins des corps de troupes ou des hôpitaux, penchés sur les étroits brancards, donnent sans compter le meilleur d'eux-mêmes. Le corps de santé tout entier peut justement s'enorgueillir du sacrifice que nombre d'entre eux ont déjà fait de leur vie, dans le Sud-Oranais, aux confins marocains ou dans la région occidentale. Les uns, comme mon ami, l'admirable docteur Louis, sont tombés abattus par la maladie à laquelle leur énergie charitable avait arraché de haute lutte tant de victimes ; les autres, tels le docteur Auvert, sont morts en soignant les blessés, sous les balles de farouches ennemis. Honneur à ces vaillants ! honneur à ceux qui à leur exemple, pratiquent chaque jour, les plus nobles vertus !

Le dévouement est contagieux. Les infirmiers, habitués à voir leurs chefs dédaigner le danger et la fatigue, donnent comme eux toute leur énergie, toute leur sollicitude aux camarades. Qui dira combien d'entre eux ont contracté, au chevet des malades, les affections qui ne pardonnent pas, et sont tombés à leur tour, victimes de leur fraternel altruisme ? Des volontaires s'offrent, pour les remplacer. Et je pourrais citer d'obscurs tirailleurs algériens, des « Joyeux », des artilleurs coloniaux, que j'ai vus à la tâche, infirmiers improvisés, dont le zèle inlassable et l'attention affectueuse faisaient l'admiration de tous. Tâche modeste, mais combien méritoire, mais combien utile, qui met si puissamment en relief ces admirables qualités de camaraderie, orgueil légitime de notre armée marocaine, gage éclatant de la valeur morale de ces troupes d'élite !...

CHAPITRE XIX

Rabat et Salé

Salé au Nord, Rabat au Sud. Le Bou-Regreg, venu des lointaines montagnes où les Zaïanes abritent jalousement leur fière indépendance, débouche ici dans l'Océan, formant une démarcation très nette entre ces deux villes, si dissemblables d'aspect comme de vie intérieure.

Entourée de murs que percent, de distance en distance, des portes monumentales, Rabat la commerçante, prudemment sauvegardée ainsi contre la convoitise brutale des tribus, groupe ses rues étroites et animées sur un plateau qui s'abaisse en pentes abruptes sur la rivière et sur la mer. Du côté de l'oued, les dernières maisons en terrasses se pressent jusqu'au rebord de la falaise, surplombant une étroite plage, hérissée de rochers glissants. De ce balcon, les égoûts du quartier juif, aux maisons badigeonnées de bleu, se déversent, en cascades nauséabondes, sur la rive. Des flaques infectes, des dépouilles d'animaux, des amas d'immondices, au milieu desquels circule, sans en paraître incommodée, la foule des baieliers et des portefaix marocains, jalonnent le chemin que doit suivre le voyageur venant de Salé pour pénétrer dans Rabat. Une porte basse s'ouvre dans la muraille. Deux soldats du tabor de police y montent la garde. Un chemin rapide et tortueux pavé de cailloux ronds et glissants, mène de là dans la ville. Des mendiants l'encombrent. Accroupis contre les maisons, ils invoquent d'une voix lamentable la pitié des passants, au nom de Sidi Abdelkader el Baghdadi, patron de tous les loqueteux de l'Afrique du Nord.

Sous cette voûte, grouille une foule malodorante, affairée, bruyante, parmi les ânes lourdement chargés, qu'excite le bâton des portefaix

Plus loin, à l'embouchure du fleuve, la barre, déroulant avec fureur ses vagues frangées d'écume, brise sur des rochers noirs. Au-dessus de la mer courroucée, l'antique Kasbah des Oudaya dresse ses imposantes murailles, flanquées de tours crénelées.

Sous ce ciel si lumineux, ces fortifications sarrasines, violemment éclairées, ont des tons de vieilles briques, très chauds. Il faudrait, pour fixer ces colorations changeantes au gré de l'heure, le pinceau d'un Fromentin ou d'un Regnault. Le temps, décorateur féérique, a patiné de mauve, transparenté de laque dorée, ces bastions décrépits, tapissés, par endroits, de plantes grimpantes, aux tonalités vert sombre. Quand le soir descend sur l'Océan, le spectacle est merveilleux. Le soleil couchant plaque des lueurs d'incendie sur les murailles. Sur le ciel, rayé de bandes de carmin, se profilent, derrière les bastions, les hauts minarets d'où plane, à cette heure recueillie du « moghreb », la voix nasillarde des muezzins.

Un coup de canon, tiré de la kasbah, a annoncé l'instant de la prière. Des mosquées de Rabat et de Salé s'élève, grave, l'appel aux croyants, l'affirmation ancestrale de la seule unité d'Allah... Puis, tout se tait. Dans la paix de ce soir mauve, que traverse le vol de pigeons attardés, une sérénité mystique s'abat sur les deux villes ; la voix éternelle des flots, déferlant, en un assaut impuissant au pied des hautes murailles, va bercer le rêve de l'Islam.

En face de Rabat, Salé abrite derrière ses remparts, ses mosquées, les koubbas d'innombrables santons, et l'amas resserré de ses maisons blanches, qu'habite une population fanatique et puritaine.

Cette « Slah » (Salé) fut jadis un repaire de corsaires fameux. Tapie sur la dune, derrière ses murs bien armés, à l'abri de la barre familière à ses écumeurs de mer, elle guettait l'horizon marin, à l'affût de rapines. Muette, elle semble, aujourd'hui, concentrée dans la rêverie du passé, recueillie dans le silence de ses ruelles, que n'anime aucun commerce. L'aspect de cette ville est farouche. On sent que derrière ces lourdes portes toujours closes et ces étroites fenêtres jalousement grillagées, survit l'hostilité de l'Islam, sournois et attentif, dans son espoir patient de l'heure inéluctable. Jusqu'à l'année dernière, l'Européen n'eût pu, sans risquer sa vie, s'aventurer sous ces voûtes sombres, propices aux drames rapides et muets. La crainte retient aujourd'hui ces pieux musulmans. Mais la physionomie des gens que l'on croise est hostile. Un regard haineux luit sous le capuchon du burnous ; et, tandis qu'ils égrènent l'inséparable chapelet, leurs lèvres minces murmurent quelque malédiction pour ces « roumis », dont le pas éperonné foule — ô calamité ! — le sol de Salé la croyante.

C'est de cette hypocrite cité, où de nombreux marabouts abritent leur fanatisme, que partit, en 1911, le mot d'ordre, pour l'attaque de nos convois entre Rabat et Méhedya. C'est ici que les tribus s'approvisionnaient en cartouches ; c'est de Salé que des émissaires renseignaient l'ennemi sur nos mouvements. Nos navires de guerre ont eu là une belle occasion de faire des tirs à longue distance ! La racaille enfermée entre ces vaines murailles eût bien mérité ce châtiment...

J'ai parcouru le mellah de Salé. Les Français

y reçoivent un accueil empressé. C'est à qui invite l'officier à pénétrer chez lui, pour prendre le thé, cette boisson nationale du Maroc (en attendant l'absinthe). Ces bons Israélites vivent tranquilles, depuis la venue de nos troupes. Finies, les vexations des marabouts, la terreur, l'insécurité ! Et de gauches saluts militaires nous accueillent, devant les maisons juives, tandis que des vieillards à la barbe blanche, vêtus de longues lévites noires, s'inclinent devant nous, la main sur le cœur. (Dans quelques années, ils seront — évolution normale, — aussi insolents que leurs frères de l'Est).

Au calme quasi monastique de Salé, Rabat oppose son animation. Par ses rues resserrées, se presse un défilé incessant de bêtes de somme, de piétons, de cavaliers. Une vaste région s'approvisionne ici, et les indigènes des tribus pacifiées s'y rendent, de très loin souvent, pour leurs achats ou leurs échanges. Dans les boutiques étroites, bourrées de marchandises, ce sont des colloques pittoresques entre ces rudes Bédouins au langage et aux façons frustes, et les marchands citadins, très propres, richement vêtus de soie, opposant le calme de leurs manières courtoises, et leur élégance citadine aux allures brutales de leurs farouches clients. (Ici, comme dans les autres pays d'Islam, l'indéfinissable odeur arabe plane sur ces foules vaguement familiarisées avec l'usage des bains maures ; la même crasse caractérise les campagnards, et les Marocains, moins rigides observateurs du Coran que leurs voisins de l'Est, sont encore plus sales).

Une des caractéristiques de Rabat est la malpropreté de ses rues. Le pacha de la ville se souciait évidemment fort peu de la voirie. Au milieu des artères, encombrées d'immondices, des égouts laissent entrevoir, par endroits, un flot noirâtre d'où montent des exhalaisons affreuses. La promenade, par cette foule grouillante, exige des précautions. Les indigènes, habitués à la chose, ne semblent pas être incommodés par ces odeurs. Assis devant leurs boutiques, ils ne prendront même pas la peine d'écarter quelque cadavre de chien, sur lequel les mouches s'acharnent, en un bourdonnant essaim. Il faudrait faire un effort... et dame ! nous sommes en pays musulman, n'est-ce pas ?

La visite des quartiers commerçants est intéressante. Mais il serait téméraire d'escompter y trouver à bon compte le bibelot original. Nous avons gâché les prix. En habiles marchands, les gens d'ici ont vite discerné notre amour des curiosités locales. C'est ainsi que les tapis de Rabat, aux dessins chatoyants et curieux, ont quadruplé de prix depuis notre arrivée. Il convient, d'ailleurs, d'être circonspect dans ses achats, car une camelote, de provenance fatale (*made in Germany*) a envahi les étalages.

Une promenade par le dédale sinueux et étroit de la partie encore purement arabe de la ville ménage de fréquentes surprises, et il est aisé de s'imaginer transporté en plein Orient. La ville renferme de nombreuses mosquées. On les dit très belles. L'entrée en est interdite. Aux portes, de curieux motifs, de style hispano-mauresque très pur, les panneaux rehaussés de vieilles faïences aux tons passés très délicats. Partout, ce sont des arabesques, des dessus de portes fouillés avec art dans le plâtre ou la pierre. Ici, tout près d'une maison à l'aspect de forteresse, dont la porte, bardée de fer, s'orne d'énormes clous de cuivre disposés en rosaces, c'est une koubba en ruines, qu'ombrage un vieux figuier au tronc noueux. Des pigeons roucoulent dans les branches. Partout, des tableautins, originaux, de ces petites scènes de genre à chaque instant renouvelées, dans le cadre purement arabe de la vieille cité maugrebine, hier encore si peu connue.

Dans de beaux jardins, de hautes maisons s'élèvent, logis de notables ou d'opulents marchands. On m'assure que ces demeures sont luxueusement aménagées ; que, derrière ces lourdes portes, dans des patios dallés de marbre, ruisselle une eau limpide, sous des massifs d'orangers.

Tant d'originalité ne charmera plus longtemps encore les yeux du voyageur, qu'a déçu la banalité de Casablanca. Car, déjà, des hommes d'affaires, des spéculateurs entreprenants et avisés ont accaparé tous les terrains disponibles, à l'extérieur de Rabat comme dans l'enceinte des murs. Attisée par les gains énormes du début, une fièvre de lucre rapide sévit ici, comme à Casablanca. Une foule d'Européens, chaque jour accrue, se rue à la conquête de cet Eldorado. Des constructions s'élèvent hâtivement, de tous côtés. Et bientôt, de larges percées éventreront la cité blanche. Des cafés, des magasins aux enseignes bariolées voisineront avec les mosquées silencieuses. Des écriteaux multicolores, glorifiant la vertu de conserves ou d'absinthes connues, tapissent déjà des pans de murailles anciennes, que ne respecte même pas cette réclame tyrannique et de mauvais goût. Déjà, le phonographe nasille, dans les cafés maures éclairés à l'acétylène ! Le mercantilisme envahit tout. Et voilà un autre coin d'Islam qui disparaît ! Que le touriste se hâte ; la cité au passé prestigieux aura bientôt perdu son charme original, fait de mystère et de recueillement, de couleur locale intacte, et d'archaïsme inviolé (1).

---

(1) L'ouvrage était écrit, quand j'ai appris que M. le général Lyautey, désireux de sauvegarder la couleur locale, a prescrit de construire les nouveaux quartiers en dehors des villes. Le pittoresque conservera ainsi ses droits.

Par bonheur, la pioche des terrassiers espagnols devra respecter l'antique cimetière qui surplombe la mer, au pied des murs rougeâtres de la kasbah des Oudaya. Sur la falaise, des tombes sont dispersées dans l'herbe, d'où surgit, de ci, de là, quelque cippe enturbanné. La mousse a envahi les inscriptions funéraires ; le temps a dégradé les pierres tombales des plus puissants, comme la sépulture anonyme des humbles. De ces vestiges du passé, surgit une austère leçon d'égalité et de modestie.

Le sanctuaire d'un marabout vénéré dresse sa coupole blanchie à la chaux au milieu du cimetière. Nuit et jour, des lampes brillent sous la koubba surmontée du croissant symbolique. C'est aujourd'hui vendredi. En théories muettes, des femmes aux longs vêtements blancs, le visage voilé, sont venues, accompagnées de leurs négresses, brûler de l'encens sur le tombeau du santon, et allumer autour de sa châsse de petites bougies de couleur. Puis, en groupes, elles se sont assises sur les tombes, tandis que leurs enfants, vêtus de couleurs éclatantes, jouent à leurs côtés. Des rires espiègles fusent, dans le cliquetis des bracelets d'argent des fillettes aux grands yeux noirs.

Plus loin, paît un troupeau de moutons et de

chèvres. Un berger en haillons, nonchalamment étendu dans l'herbe, module sur sa flûte de roseau, comme pour bercer le sommeil des ancêtres ignorés, le refrain qu'ils ont eux-mêmes chantonné jadis, à la même place, devant la mer ensoleillée.

Adieu, Rabat, ville de rêve. Je ne t'oublierai jamais. Nulle cité africaine ne m'a séduit autant que toi, n'a évoqué autant, à mes yeux, le passé musulman, héroïque et légendaire. Aucune ne m'a donné, comme toi et ta sournoise voisine Salé, l'impression du réveil étonné de l'Islam, tiré de son immobilité fataliste par la venue conquérante des « roumis ».

Je pars demain. Les moyens ne me manquent pas, pour gagner Casablanca. Je puis, à mon gré, embarquer sur un remorqueur, qui attend patiemment, en dansant sur la houle, que la barre soit praticable. Mais une expérience, faite l'an dernier, m'a suffi... ; le nautonier d'Horace lui-même hésiterait, devant pareille navigation. Je puis, m'armant de courage, me confier à un cocher baléare, dont l'équipage d'haridelles m'emportera à une allure capricieuse. Mais il faut trop souvent pousser à la roue ! Je puis enfin, user de l'araba « suspendue » mise à la disposition des officiers isolés par l'autorité militaire, et gagner

Bou-Znika, terminus actuel du chemin de fer en construction. Je m'arrête à cette dernière solution, bien que me méfiant un peu du confortable de l'araba en question.

A demain donc, à la pointe du jour.

XX

L'araba « suspendue ». — Le chemin de fer. — Casablanca. — L'immigration. — Le départ.

Je me souviendrai longtemps de ces cinquante kilomètres de voiture ! Le brave tringlot qui conduisait l'araba m'avait bien prévenu que « nous allions prendre quelque chose comme secousses ». Mais je ne pouvais m'imaginer pareille équipée. Assis sur un banc de bois, j'ai dû, adossé à un camarade, subir pendant cette longue course, les effroyables cahots du primitif véhicule, que deux robustes mulets trainaient, au trot ininterrompu, sur la piste sablonneuse, défoncée par de profondes ornières.

Pendant cinquante kilomètres, nous avons dû, mon compagnon et moi, nous accrocher aux montants de la voiture, sous peine d'être projetés sur la route. Avec quelle joie nous avons vu la kasbah de Bou-Znika se profiler au loin !

La ligne militaire à voie étroite en construction de Casablanca à Rabat ne dépasse pas encore Bou-Znika (1). Au delà, des équipes sont employées aux travaux d'aménagement de la voie, ou à la construction d'ouvrages d'art.

---

(1) A l'heure actuelle (janvier 1914), elle a dépassé de beaucoup Rabat, et s'avance dans la direction de Meknès.

Le train qui nous emmène n'a pas encore de wagons de voyageurs. Nous nous entassons sur des trucs. La locomotive minuscule halète, crache, nous inondant de fumée. N'importe ! après la voiture « suspendue » de tantôt !...

Au coucher du soleil, nous arrivons à Casablanca. Les hôtels sont bondés, pour varier. J'erre de l'un à l'autre, suivi d'un portefaix chargé de ma cantine. Je commence à envisager l'hypothèse de coucher à la belle étoile, quand je finis par trouver une chambre. Le lendemain, je m'enquiers du prix. « C'est quinze francs », me répond l'hôtelière, avec un aimable sourire. Et, devant mon haut-le-corps, elle m'apprend que j'ai eu l'honneur d'occuper la chambre réservée, d'ordinaire, au général D... Vous m'en direz tant !... Oui, la solde coloniale a du bon, pour tous ces mercantis. Ils en abusent, vraiment. Vous qui viendrez ici, débattez les prix à l'avance.

Je ne reconnais plus Casablanca, que j'ai revue il y a six mois à peine. Depuis que le protectorat a été proclamé, c'est une ruée ininterrompue d'européens, débarquant à chaque courrier, apportant sur cette terre promise leur énergie, leurs capitaux... et de nombreuses illusions. Parmi tous ces nouveaux arrivants, combien en est-il, qui soient armés comme il convient, pour lutter ici pour la vie, pour résister à la concurrence déjà en place ?

Dans le vaste caravansérail qu'est devenue la capitale de la Chaouïa, c'est une animation fiévreuse. Une foule affairée se presse dans les rues, envahit les cafés, se bouscule aux portes. L'indigène est noyé, dans cette cohue cosmopolite et bruyante, où s'entrecroisent tous les dialectes. Reconnu, dans la rue, de nombreux juifs algériens ou tunisiens, que distinguent aisément leurs complets européens.

A ce seul indice, il serait déjà permis de déduire que le commerce s'est développé ici.

Casablanca est devenue le paradis des entrepreneurs et des architectes. De tous côtés s'élèvent des échafaudages, se creusent des fondations, circulent des maçons, des terrassiers, des manœuvres indigènes, roulent les arabas chargées de matériaux. Sur les terrains situés hors des murs, et dont l'achat, à la première heure de notre occupation, assura la fortune d'audacieux acquéreurs, surgit une ville-champignon, hâtivement construite, et banale à l'excès. A peine aménagés, les logements (est-il besoin de dire que les loyers sont hors de prix ?) sont occupés ; des boutiques s'ouvrent partout ; n'oublions pas les cafés et bars ; ils font, on s'en doute, les meilleures recettes.

Au restaurant, au café, dans les rues, cette foule panachée ne parle que « d'affaires » ; affaires de terrains, affaires de céréales, affaires de mines. Tout Européen se double d'un courtier. C'est une fièvre de négoce, d'accaparements, de spéculations. Quelques uns ont réussi. Leur exemple surexcite les convoitises ; chacun rêve de s'enrichir. Mais il faut bien se pénétrer de cette vérité : la fortune ne sourit ici qu'aux hommes énergiques, vigoureux, honnêtes, et pourvus de capitaux suffisants, qui permettent de tenir tête à la mauvaise fortune, sans être à la merci de certains agents d'affaires aux aguets.

Je parle ici pour les agriculteurs surtout.

Comme en Algérie, comme en Tunisie, ils ont à redouter les criquets, la grêle, la sécheresse, le sirocco. (J'allais oublier l'usurier !) Les perfides ennemis du colon existent tous, ici. Et, si le régime pluvial y est mieux équilibré que dans les autres régions de l'Afrique du Nord ; si les terres arables sont généralement meilleures ; si les pâturages y sont plus abondants, l'agriculteur européen n'en a pas moins à compter avec la coalition éventuelle des forces naturelles, dont une seule suffit à anéantir, en quelques heures, le fruit d'un patient labeur. C'est, dès lors, la misère sans issue, pour le petit cultivateur sans avances. Histoire navrante de tant de nos petits colons d'Algérie ! Que ceux qui viendront ici, pour tenter la fortune avec peu d'argent prennent bien garde, car leur courage et leur travail risquent de ne pas leur suffire.

Pour les artisans de tous métiers, la question se présente autrement. Il y a ici, semble-t-il, de nombreux débouchés, pour la main d'œuvre, et les ouvriers d'art, que l'indigène ne saurait songer à concurrencer de longtemps, trouvent du travail fort bien rémunéré.

Au point de vue pittoresque, Casablanca n'a rien gagné — il s'en faut ! — à cette invasion de gens à casquettes et à chapeaux-melon. Elle est encore plus insignifiante que lorsque j'y débarquai. Décidément, le bled est plus intéressant, plus beau, avec ses horizons majestueux, sa couleur, son imprévu. Mieux vaut, mille fois, le séjour aventureux, à la vie sans contrainte, des postes de l'avant, que celui de cet emporium banal, bruyant et poussiéreux.

Partons en vite. Une barcasse, démarrant du quai toujours aussi encombré, m'amène à bord du vapeur en partance. Dans quelques heures, la côte s'évanouira, là-bas, derrière la ligne blanchissante des récifs battus par la vague. Adieu, terre de vaillance et d'énergie françaises !

Table des Matières

Avant-Propos.................................... 7

CHAPITRE I
En route pour la guerre. — Débarquement à Casablanca. — Les « barcasses ». — Le port............ 11

CHAPITRE II
Casablanca. — La ville. — Absinthe et phonographes. Les Juifs. — La spéculation. — Plaisirs et affaires.. 21

CHAPITRE III
En route, vers le « bled ». — La Chaouïa. — La paix française 31

CHAPITRE IV
Le camp du Boucheron. — Les Sénégalais.......... 37

CHAPITRE V
En colonne chez les Zaërs (juillet 1911). — Le combat d'Ez-Zitouna 45

CHAPITRE VI
Combat d'Aïn-Sebbab (12 juillet). — Le salut au drapeau 63

CHAPITRE VII
Nous rejoignons la colonne. — La « Mère Jeanne ». La « compagnie-chameaux »...................... 69

CHAPITRE VIII
Quelques épisodes de notre vie à Argoub-Soltane. — La revue du 14 juillet. — Cavaliers marocains. — Le caïd Larbi. — Le vieux courrier. — La 1" compagnie du 3ᵉ bataillon d'Afrique. — Le « Joyeux » est un bon compagnon de guerre......................... 75

CHAPITRE IX
En reconnaissance. — Une alerte de nuit. — Le bivouac de Sibarra. — Création de Camp-Marchand et de Fort-Méaux. — Notre séjour à Camp-Marchand (23 juillet-20 août 1911)............................ 89

CHAPITRE X

La Guelta-el-Fila. — Escarmouche du 21 août. — La 1ʳᵉ compagnie reçoit le baptême du feu. — Goumiers algériens. — Arrivée à Maâziz..................... 99

CHAPITRE XI

Le poste de Mechra-Maâziz. — La vie du bled. — Nos voisins. — Femmes indigènes. — Caïds. — Le « toubib ». — Attaques de nuit..................... 107

CHAPITRE XII

La ligne téléphonique. — Les convois. — Construction du poste. — Spahis et tirailleurs............... 123

CHAPITRE XIII

L'hivernage. — Rôdeurs de nuit. — La colonne Brûlard. — Combats du 9 mars et du 2 mai 1912. — Les « Joyeux » au feu............................ 139

CHAPITRE XIV

Quelques considérations sur la tactique des Berbères. 165

CHAPITRE XV

Les funérailles des braves « Joyeux ». — La mort du lieutenant Mascarat. — Officier et ordonnance...... 173

CHAPITRE XVI

Mes derniers jours à Maâziz. — Embuscades. — Encore les rôdeurs de nuit. — Nécessité des projecteurs 177

CHAPITRE XVII

Quelques mots sur le service des renseignements. — Les autres services. — La camaraderie des gens du bled. — La « giberne »............................ 189

CHAPITRE XVIII

Le retour. — Le camp de Tiflet. — La Mamora. — Un convoi. — Médecins et infirmiers............... 197

CHAPITRE XIX

Rabat et Salé...................................... 211

CHAPITRE XX

L'araba « suspendue ». — Le chemin de fer. — Casablanca. — L'immigration. — Le départ............. 223

Paris. — Imp. & Lib. Militaire Universelle L. FOURNIER.

Région de Rabat

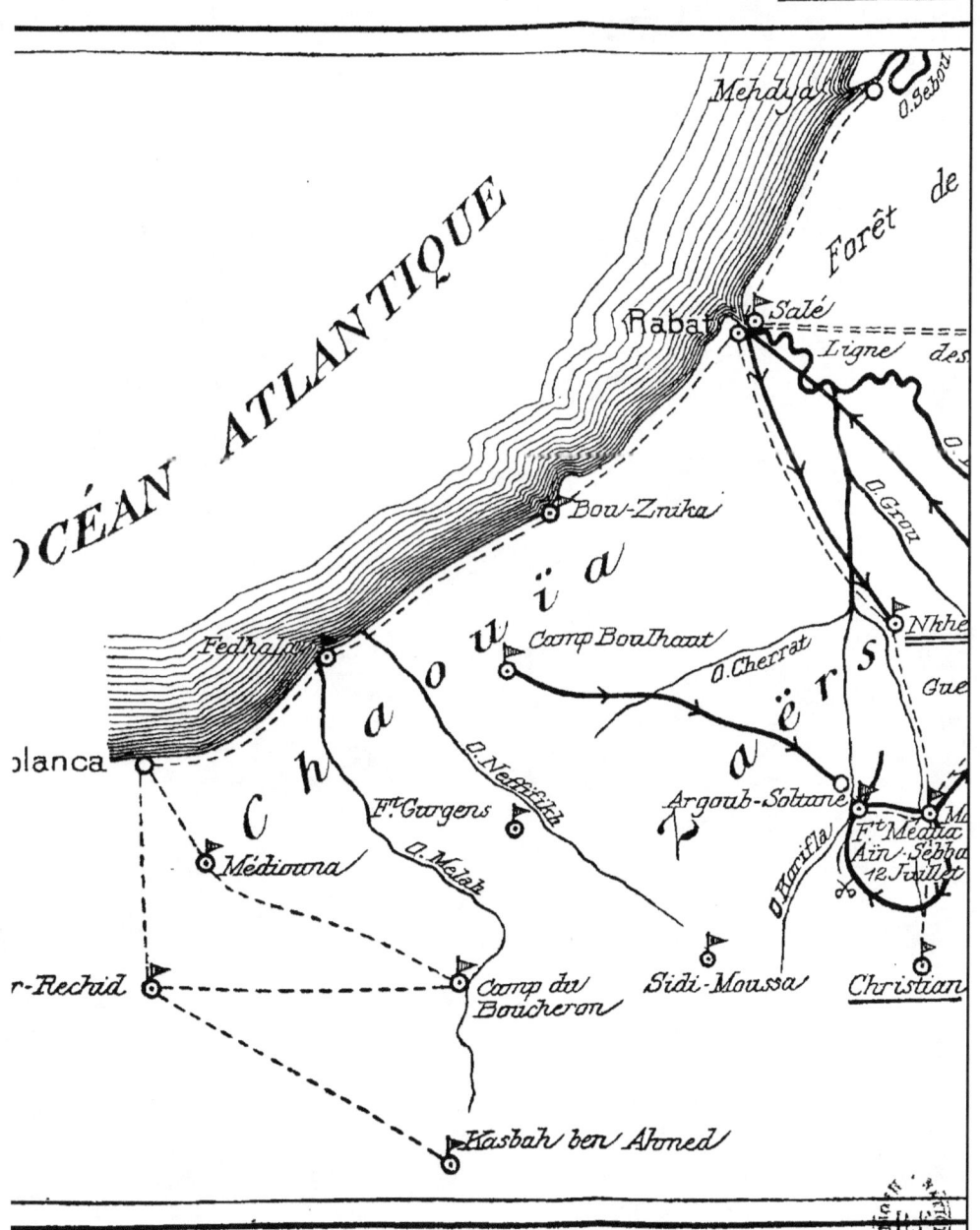

Croquis au 1.000

mod/ : Poste existant en 1911 ou créé à cette époque.
: Poste créé postérieurement à 1911.

EXTRAIT DES PUBLICATIONS
DE
L'IMPRIMERIE-LIBRAIRIE MILITAIRE UNIVERSELLE

GUIDE FOURNIER. **Troupes Coloniales.** — Ouvrage établi sur la demande de nombreux officiers appartenant à l'armée coloniale, contenant le résumé des nombreuses formalités que Messieurs les officiers et assimilés des troupes coloniales sont susceptibles de remplir dans le cours de leur carrière. In-16 oblong relié .... 2 »

PAUL BAYLE. **Aux Marsouins.** In-12, 154 pages. Édition de grand luxe 3 50
Carrières coloniales. — 1° Administration centrale 0 75
2° Services civils de l'Indo-Chine 0 75
3° Administrateurs coloniaux 0 75
4° Services civils de Madagascar 0 75

ANT. BONNEFOY et E. THAULET, officier d'administration de 1ʳᵉ classe. **Comment faire sa carrière dans l'armée et par l'armée.** — Obligations militaires communes à tous les Français ; ce qu'il faut faire pour s'engager et rengager ; comment l'on devient caporal et sous-officier ; la vie sous les armes ; emplois réservés ; comment on peut devenir officier ; les écoles militaires ; officiers de réserve ; emplacement des troupes. — 1 vol. in-8° carré de 371 pages 3 50

R. NORMAND, capitaine du Génie breveté. **Patriotisme Allemand.** Ses origines. Son évolution. Les débuts du Pangermanisme 1910. Vol. in-8, 155 pages 2 50

Capitaine A. MICHEL. **Nouveau questionnaire-Vocabulaire français-allemand à l'usage de l'armée.** — In-8° couronnes oblong. Prix 0 50

BACARD, adjudant à l'Ecole Polytechnique. **Conseils à un jeune conscrit.** Ouvrage orné de nombreuses illustrations .... 1 »

Capitaine DEBIEUVE. **L'Education dans la préparation à la guerre.** — Causeries sur le rôle social de l'officier et l'éducation morale du soldat, ouvrage couronné par l'Académie française (2ᵉ édition). In-8, 168 pages. 2 25

Capitaine DEBIEUVE. **Le Soldat à la guerre.** — Broché 12 pages .... » 25

Lieutenant-Colonel LAVISSE, commandant l'Ecole militaire d'infanterie. **Devoirs d'officier.** (Conseils donnés aux Elèves-Officiers de Saint-Maixent). Volume in-18 jésus de 128 pages. *Couronné par l'Académie Française Prix Montyon* 1 50

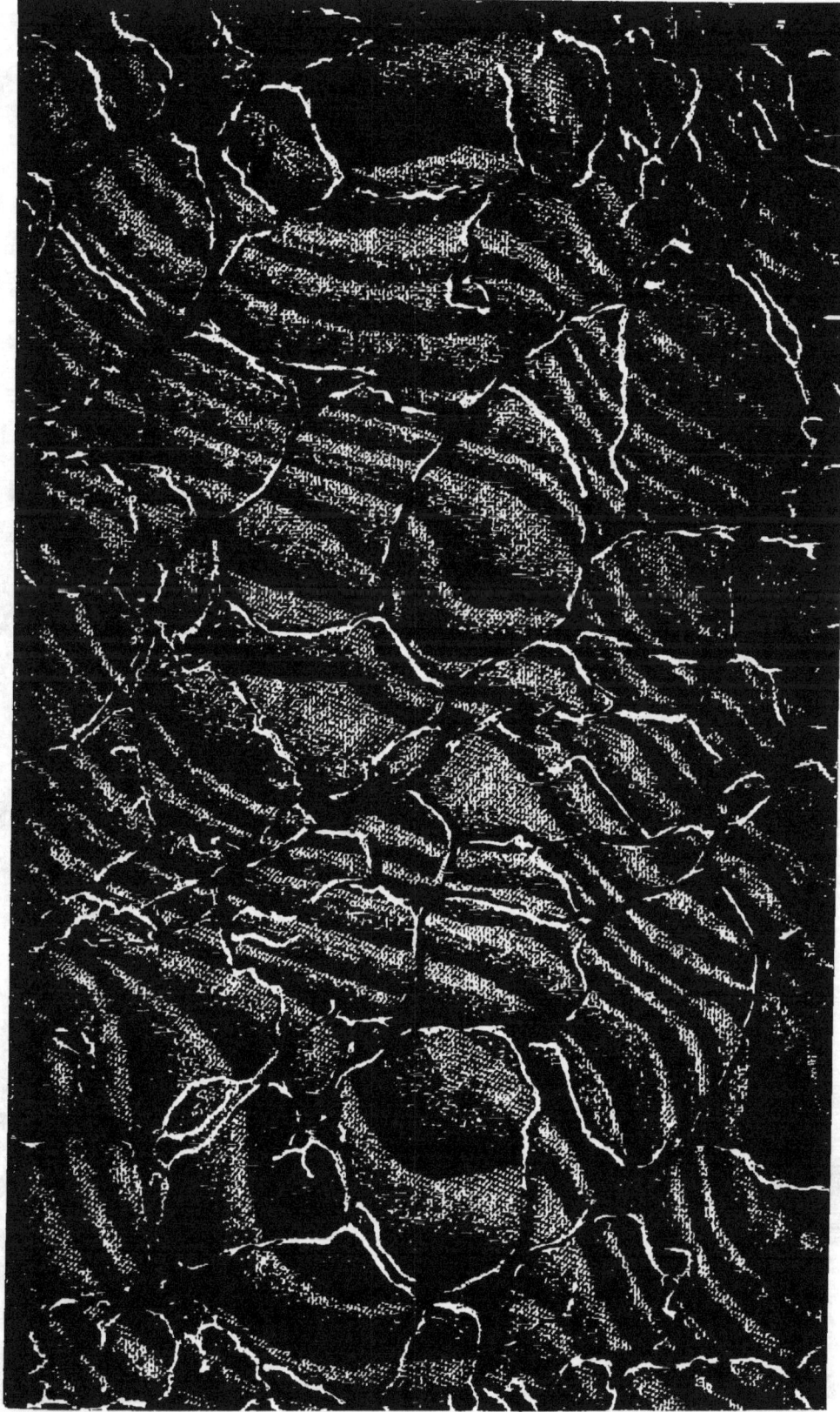

www.ingramcontent.com/pod-product-compliance
Lightning Source LLC
Chambersburg PA
CBHW070648170426
43200CB00010B/2158